John Wycliffe

Biblia Pauperum

Conteynynge thirty and eight Wodecuttes illustrating the Liif, Parablis, and Miraclis

offe oure blessid Lord & Saviour Jhesus Crist

John Wycliffe

Biblia Pauperum

Conteynynge thirty and eight Wodecuttes illustrating the Liif, Parablis, and Miraclis offe oure blessid Lord & Saviour Jhesus Crist

ISBN/EAN: 9783337216979

Printed in Europe, USA, Canada, Australia, Japan

Cover: Foto ©Lupo / pixelio.de

More available books at **www.hansebooks.com**

Biblia Pauperum,

CONTEYNYNGE

THIRTY AND EIGHT WODECUTTES

ILLVSTRATING

The Liif, Parablis, and Miraclis offe
Oure Bleſſid Lord & Saviour

Jheſus Criſt,

With the Proper Deſcrypciouns therof

extracted fro the Originall Texte

Offe IOHN WICLIF,

Somtyme Rector of Lutterworth.

PREFACE BY THE LATE VERY REV.

ARTHUR PENRHYN STANLEY, D.D.
Dean of Weſtminſter.

NEW YORK:
A. C. ARMSTRONG & SON.

⁋ Imprynted atte the ſign offe The Graſſhopper, bye
UNWIN BROTHERS, *The Greſham Preſſe*, inne Little Bridge
Strete, inne the pariſh offe S. Anne's, Blackfriars, and to bee ſolde
bye T. FISHER UNWIN, atte hiſe ſhop inne Paternoſter Square, inne
the Citie offe London, England.
M·D·CCC·LXXXV.

Imprynted bye
UNWIN BROTHERS,
MDCCCLXXXV.

Note by the Printers.

DURING *the year* 1877, *the Caxton Celebration was held in London, and a moſt extraordinary collection of early printed Books was exhibited at South Kenſington. One of the exhibits conſiſted of a volume of impreſſions and the blocks themſelves, the originals of which have been uſed for the reductions which illuſtrate this Volume.*

This very curious ſeries of original blocks were purchaſed about ſixty years ſince at Nuremberg, by the late Mr. SAMS, *of Darlington. They cannot be recogniſed as belonging to any* printed *book, and the Artiſt's mark, which appears on the* 37th *plate, is* unknown to any Bibliographer. M. PASSAVANT, *a wellknown writer on the ſubject,* does not appear to have met with it in his researches. It is therefore probable that the blocks were thrown aside and never used, after they had been engraved, till a lapse of nearly four centuries.

They form a kind of "Biblia Pauperum," illustrative of the Life, Miracles, Parables, and Sayings of our Saviour, and, occasionally, typical subjects from the Old Testament are introduced. There are altogether seventy-eight subjects represented on the thirty-eight plates.

A date is engraved on two of the blocks, but it would seem that the figures are transposed, for Authorities at the British Museum agree in reading the date as certainly 1540, but say it is difficult to refer the artistic composition to that period, as it clearly belongs to the end of the previous century.

When these blocks came into our possession in 1877 we found them remarkably clean, free from signs of wear, but extensively worm-eaten; in one or two cases pieces of the surface coming away in the hand. The wood is of a soft kind, quite unlike that used at the present day, and although the style of execution is certainly not equal throughout the whole series, the kind of material used, and the peculiar style of cutting, all go to indicate their great antiquity.

folio v.

Immediately after the Exhibition referred to, thefe blocks were ufed in the production of "A New Biblia Pauperum," a Memorial Volume, of which 275 *copies were iffued at the price of* One Guinea. *The edition was at once abforbed by the fubfcribers and general public, and to-day commands a confiderable premium. The very characteriftic Preface, kindly contributed by the late* Very Rev. Arthur Penrhyn Stanley, D.D., *Dean of* Weftminfter, *for that Volume, appears in the following pages. The profits of the Volume were given to the Printers' Penfion Corporation.*

We now prefent The Smaller Biblia Pauperum, *which, though reduced in fize, faithfully retains all the peculiarities of the original Blocks, while at the fame time we have in other refpects added to the intereft of the Volume.*

𝕮𝖍𝖊 𝕿𝖊𝖝𝖙 *has been felected from Wiclif's tranflation of the New Teftament, as being the only Englifh Verfion commonly known at the period when thefe blocks were originally engraved.*

𝕮𝖍𝖊 𝕭𝖔𝖗𝖉𝖊𝖗𝖘 𝖆𝖓𝖉 𝕺𝖗𝖓𝖆𝖒𝖊𝖓𝖙𝖘 *which embellifh the letterprefs pages are exact fac-fimiles of thofe ufed in a* Book of Hours, *now in the Lambeth Palace Library, printed by T. Kerver, in Paris,* 1525, *and which, by the kind permiffion of the* late Archbishop of Canterbury, we have been able to reproduce.

The Paper has been specially made by hand, in Holland, by precisely the ancient method, and of a texture and colour as nearly as possible to imitate that used in the fifteenth century.

The Binding is in accordance with the style of the period, the design having been taken from an early book in the British Museum.

We have thus endeavoured to produce a very perfect representation of a Book which nearly four hundred years ago may have served the people of that day in place of our now widely disseminated Bible.

UNWIN BROTHERS.

LITTLE BRIDGE STREET,
    September, 1884.

Prefatory Notice

BY THE LATE

Very Rev. ARTHUR PENRHYN STANLEY, D.D.,
Dean of Weſtminſter.

HAVE been requeſted by Meſſrs. *Unwin* to ſay a few words by way of Preface to this intereſting work, which confiſting of the rude attempts, at the beginning of the art of Printing, to diſſeminate by pictures the truths ſo ſoon to be diffuſed far more widely by typography, was fitly called the "Biblia Pauperum," the *Bible of the Poor*. The connection of Caxton's preſs with the precincts of Weſtminſter Abbey has often ſuggeſted the coincidence of the Book and the Church; the art of the printing of the

Book, as *Victor Hugo* obferved, coming into exiftence at the moment when the great age of the building of Churches was paffing away, fo that, in his forcible language, it was faid, " This will kill that—the Book will kill the Church ; " or, as we might, in a kindlier fpirit, exprefs it, " the Church has given birth to the Book." In like manner thefe Antique Woodcuts, dating only feven years before the firft appearance of *Caxton's* firft printed Englifh Book, are a fitting memorial of the epoch, commemorated by the Caxton Celebration, when the " Bible of the Poor " for the laft time appeared in the guife of pictures, before it paffed into cheap, multifarious, illimitable Bibles, which fhould permeate through all claffes far more effectually than any pictorial reprefentations. It is exactly the point of meeting, the croffing, as it were, of the two arts—the image paffing into fubftance— the later education of thought and fpirit taking the place of the earlier education of fenfe and figure.

A. P. Stanley.

The Deanery, Westminster.
Nov. 13, 1877.

MATTHEW.

BUT the generacioun of crist was thus. Whan mari the modir of ihesus was spousid to Joseph/ bifor thei camen to gidre/ sche was founde hauynge of the holy goost in the wombe/ & Joseph hir housbonde for he was riƷtful & wold not pupplische hir/ he wold priuyly haue lefte hir/ but while he thouƷt these thingis/ lo the aungel of the lord apperid to hym in sleep and seide/ Joseph the sone of dauith/ nyle thou dred to take marie thi wijf/ for that thing that is borun in hir/ is of the holi goost/ & sche schal bere a sone/ & thou schalt clepe his name ihesus/ for he schal make his puple saaf fro her synnes.

For al this thing was don/ that it schulde be fulfillid that was seid of the lord bi a profete seiynge/ lo a virgyn schal haue in

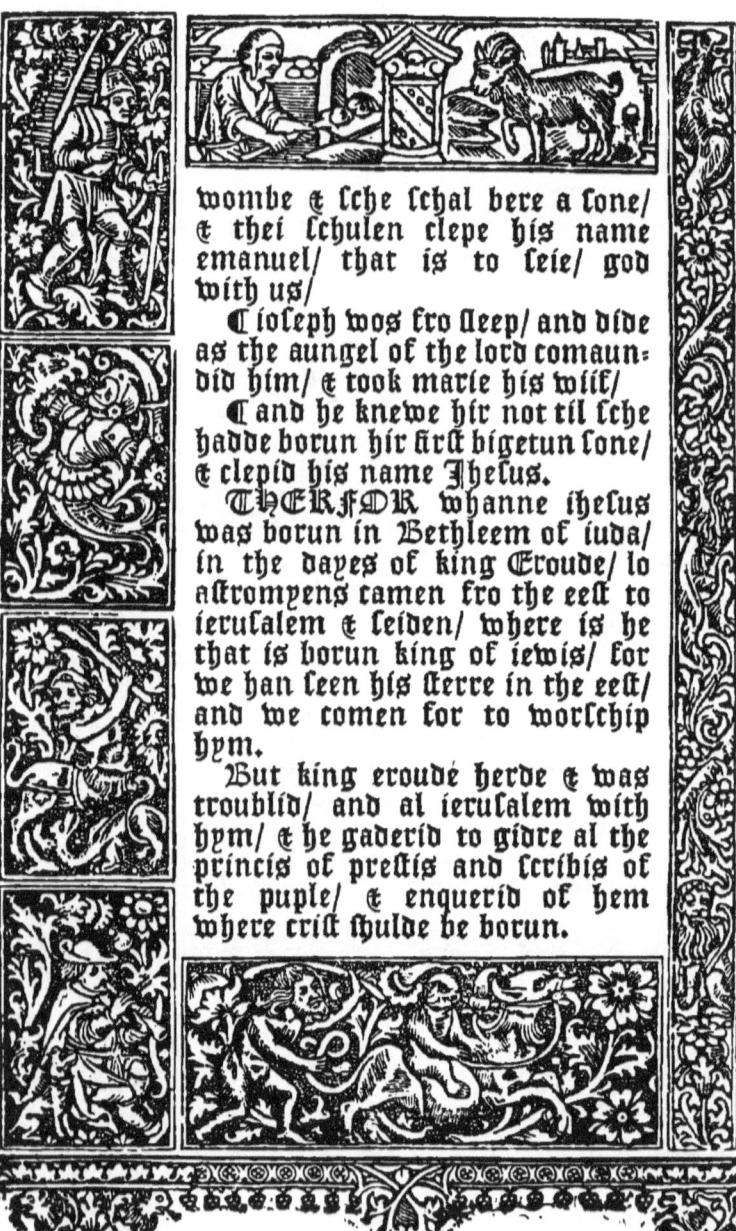

wombe & sche schal bere a sone/
& thei schulen clepe his name
emanuel/ that is to seie/ god
with us/
¶ Ioseph wos fro sleep/ and dide
as the aungel of the lord comaun-
did him/ & took marie his wiif/
¶ and he knewe hir not til sche
hadde borun hir first bigetun sone/
& clepid his name Jhesus.
THERFOR whanne ihesus
was borun in Bethleem of iuda/
in the dayes of king Eroude/ lo
astromyens camen fro the eest to
ierusalem & seiden/ where is he
that is borun king of iewis/ for
we han seen his sterre in the eest/
and we comen for to worschip
hym.
But king eroudé herde & was
troublid/ and al ierusalem with
hym/ & he gaderid to gidre al the
princis of prestis and scribis of
the puple/ & enquerid of hem
where crist shulde be borun.

folio biij.

LUKE.

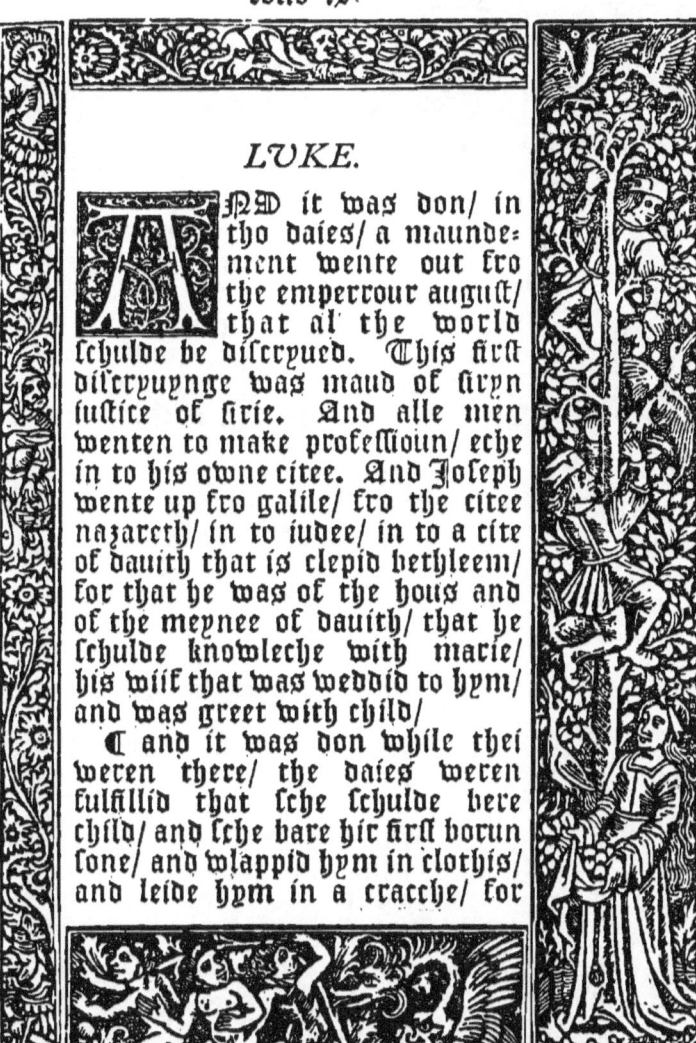

AND it was don/ in tho daies/ a maundement wente out fro the emperrour august/ that al the world schulde be discryued. This first discryuynge was maud of siryn iustice of sirie. And alle men wenten to make professioun/ eche in to his owne citee. And Ioseph wente up fro galile/ fro the citee nazareth/ in to iudee/ in to a cite of dauith that is clepid bethleem/ for that he was of the hous and of the meynee of dauith/ that he schulde knowleche with marie/ his wiif that was weddid to hym/ and was greet with child/

☙ and it was don while thei weren there/ the daies weren fulfillid that sche schulde bere child/ and sche bare hir first borun sone/ and wlappid hym in clothis/ and leide hym in a cracche/ for

ther was no place to hym in no
chaumbre/

⁋ and schepherdis weren in the
same cuntre/ wakynge and kep=
inge the watchis of the nyȝt on
her flok/ and lo the aungel of the
lord stood bisidis hem/ and the
cleernesse of god schyned aboute
hem/ and thei dredden with greet
drede.

And the aungel seide to hem/
nyle ȝe drede/ for lo I preche to ȝou/
a greet ioye/ that schal be to alle
puple/ for a saupour is borun to
dai to ȝou/ that is crist/ the lord
in the citee of dauith/ and this is
a token to ȝou/ ȝe schuln fynde a
ȝunge child wlappid in clothis/
and leide in a cracche/ and su=
deynli there was made with the
aungel a multitude of heuenli
knyȝthod/ heriynge god a seiynge/
glorie be in the hiȝist thingis to
god/ and in erthe pees be to men
of good wille.

folio r.

LUKE.

Nd aftir that the daies of purcacioun of marie weren fulfillid aftir moises lawe/ thei token hym in to ierusalem to offre hem to the lord/ as it is writun in the lawe of the lord/ for eueri male kynde openenynge the wombe/ schal be clepid holi to the lord/ and that thei schuln зeue an offrynge/ aftir that is seide in the lawe of the lord/ a peire of turtus or tweie culuere briddis.

☜ and lo a man was in ierusalem/ whos name was symeon/ and this man was iust and vertuous/ and abood the counforte of israel/ and the holi goost was in hym/ and he hadde taken an answere of the holi goost/ that he schulde not se deeth/ but he saie first the crist of the lord/ and he cam in spirit in to the temple/ and whanne his fadir and modir

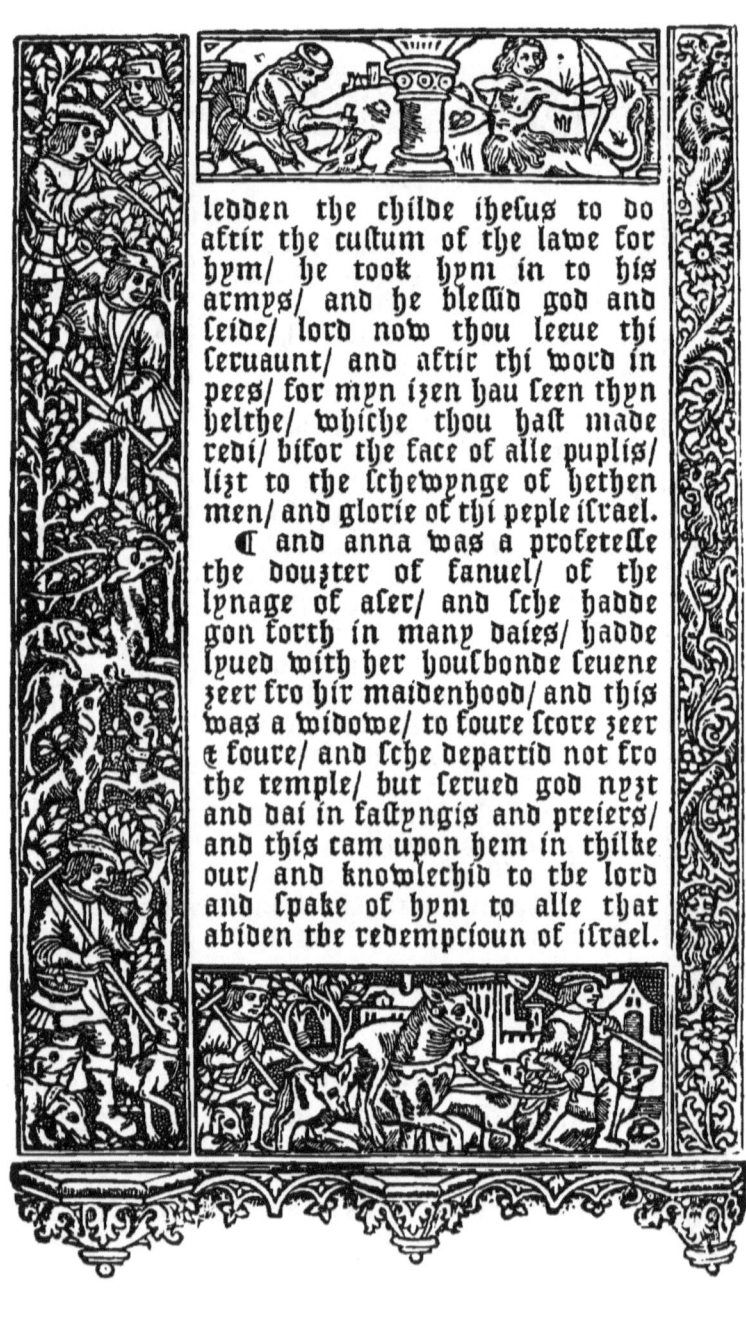

ledden the childe ihesus to do aftir the custum of the lawe for hym/ he took hym in to his armys/ and he blessid god and seide/ lord now thou leeue thi seruaunt/ and aftir thi word in pees/ for myn iȝen hau seen thyn helthe/ whiche thou hast made redi/ bifor the face of alle puplis/ liȝt to the schewynge of hethen men/ and glorie of thi peple israel.

⁋ and anna was a profetesse the douȝter of fanuel/ of the lynage of aser/ and sche hadde gon forth in many daies/ hadde lyued with her housbonde seuene ȝeer fro hir maidenhood/ and this was a widowe/ to foure score ȝeer & foure/ and sche departid not fro the temple/ but serued god nyȝt and dai in fastyngis and preiers/ and this cam upon hem in thilke our/ and knowlechid to the lord and spake of hym to alle that abiden the redempcioun of israel.

folio xij.

MATTHEW.

ND whanne thei werun gon awei/ lo the aungel of the lord/ apperid to ioseph in sleep/ and seide/ rise up & take the child & his modir and fle in to egipt/ & be thou there til that I seye to thee/ for it is come/ that eroude seke the child for to distri hym/ and ioseph roos/ & took the child & his modir by nyʒt/ and wente in to egipt/ & he was there to the deeth of eroude/ that it schulde be ful-fillid that was seid of the lord bi the profete seiynge/ Fro egipt I haue clepid my sone.

Thanne eroude seynge that he was discepued of the astromyens was ful wrooth/ & he sente & slew alle the children that weren in bethleem & in al the coostis therof/ fro if ʒere age & with yn/ after the tyme that he had enquerid of

the astromyenes. Than it was
fulfillid that was seid by ieremy
the profete seiynge. A voyce was
herd an hiz wepinge & moch
weilynge/ rachel bi wepinge hir
sones/ and sche wolde not be
counfortid for thei ben not.

But whanne eroude was deed/
lo the aungel of the lord apperid
to ioseph in sleep in egipt & seide/
rise up & take the child & his modir/
& go in to the lond of israel/ for
thei that souzten the liif of the
child ben deed. Ioseph roos &
took the child and his modir/ &
cam in to the lond of israel.

And he herde that archelaus
regned in iude for eroude his
fadre/ & dredde for to go thidir/
and he was warned in sleep/ and
wente in to the parties of galilee/
and cam & dwelte in a cite that is
clepid nazareth/ that it schulde be
fulfillid that was seid bi profetis/
for he schal be clepid a nazarey.

folio xiv.

MATTHEW.

N tho daies ioon bap-
tist cam & prechid in
the desert of iudee &
seide/ do ye penaunce
for the kyngdom of
heuenes schal nyȝ/ for this is he
of whom it is seid bi Isaie the
profete seiynge/ a vois of a crier
in desert/ make ye redi the weyes
of the lord/ make ye riȝt the pathis
of hym/ and this Ioon hadde clo-
thing of camels heris/ and a gir-
dil of skyn aboute his leendis/ &
his mete was hony soukis and
hony of the wode.

Thanne ierusalem wente out to
hym and al iudee/ & al the cuntre
aboute iordan/ & thei werun wais-
chen of hym in iordan/ & know-
lechiden her synnes.

But he siȝ many of farisies & of
saduces comynge to his baptem/
and seide to hem/ generaciouns
of eddris/ who schewid to you to

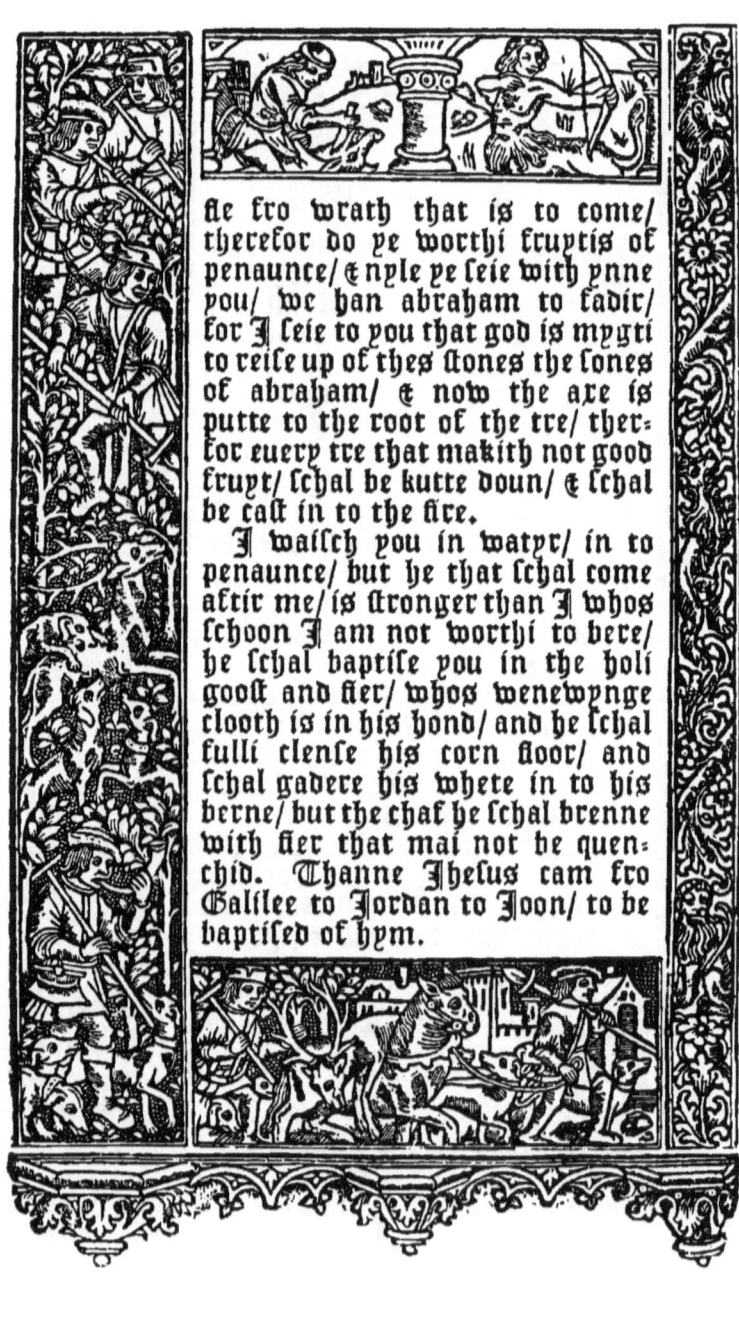

fle fro wrath that is to come/ therefor do ye worthi fruytis of penaunce/ & nyle ye seie with ynne you/ we han abraham to fadir/ for I seie to you that god is myȝti to reise up of thes stones the sones of abraham/ & now the axe is putte to the root of the tre/ therfor euery tre that makith not good fruyt/ schal be kutte doun/ & schal be cast in to the fire.

I waisch you in watyr/ in to penaunce/ but he that schal come aftir me/ is stronger than I whos schoon I am not worthi to bere/ he schal baptise you in the holi goost and fier/ whos wenewynge clooth is in his hond/ and he schal fulli clense his corn floor/ and schal gadere his whete in to his berne/ but the chaf he schal brenne with fier that mai not be quenchid. Thanne Jhesus cam fro Galilee to Jordan to Joon/ to be baptised of hym.

folio xvi.

MARK.

ON was in deſert baptiſynge and prechynge the baptym of penaunce in to remyſſioun of ſynnes/ and al the cuntre of iudee wenten out to hym/ and al men of ieruſalem/ and thei weren baptiſid of hym in the flum Jordan/ and knowlechiden her ſynnes. And Jon was clothid with heeris of camels/ and a girdil of ſkyn was aboute his lendis/ and he ete hony ſoukis/ and wilde hony/ And prechide and ſeide/ a ſtronger than I ſchal come aftir me/ and I am not worthi to knele doun & vnlace his ſchoon/ I haue baptiſid ʒou in water/ but he ſchal baptiſe ʒou in the holi gooſt. And it was don in tho dayes iheſus came fro nazareth of galilee/ & was baptiſid of Joon in Jordan/ and anoon he wente vp of the watir and ſaie

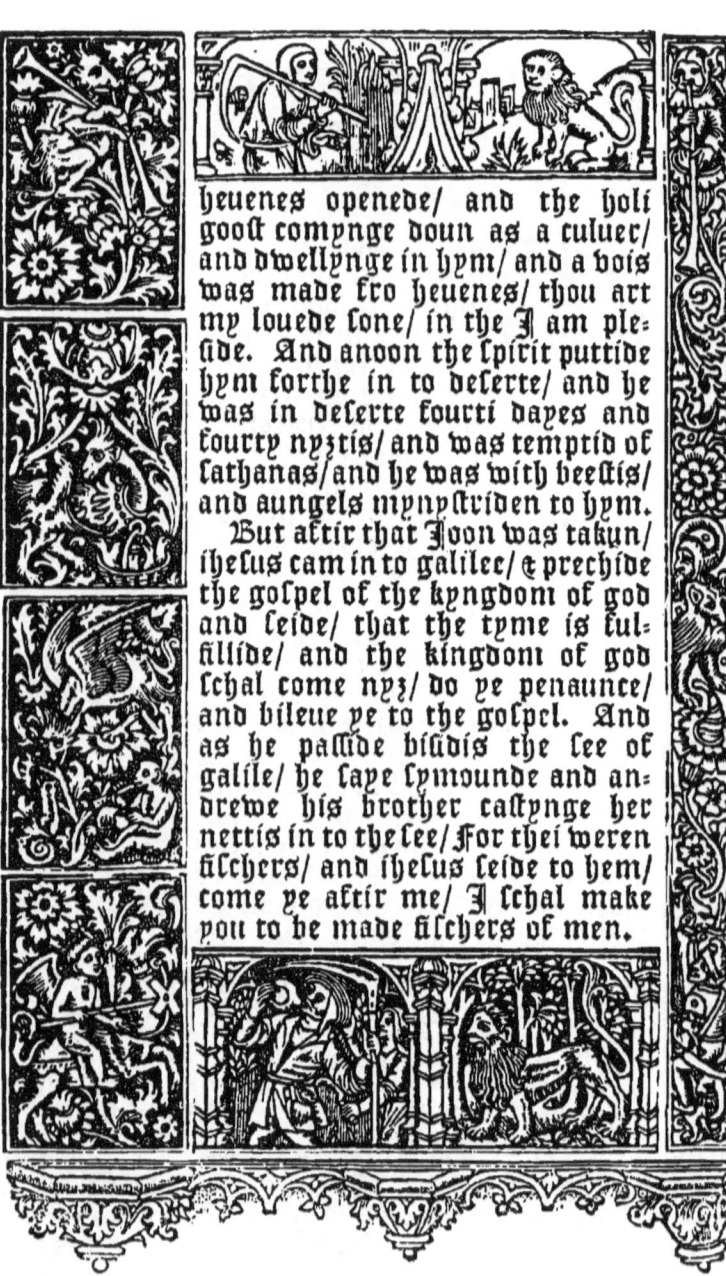

heuenes openede/ and the holi
goost comynge doun as a culuer/
and dwellynge in hym/ and a vois
was made fro heuenes/ thou art
my louede sone/ in the I am ple=
side. And anoon the spirit puttide
hym forthe in to deserte/ and he
was in deserte fourti dayes and
fourty nyȝtis/ and was temptid of
sathanas/ and he was with beestis/
and aungels mynystriden to hym.
But aftir that Joon was takyn/
ihesus cam in to galilee/ ⁊ prechide
the gospel of the kyngdom of god
and seide/ that the tyme is ful=
fillide/ and the kingdom of god
schal come nyȝ/ do ye penaunce/
and bileue ye to the gospel. And
as he passide bisidis the see of
galile/ he saye symounde and an=
drewe his brother castynge her
nettis in to the see/ For thei weren
fischers/ and ihesus seide to hem/
come ye aftir me/ I schal make
you to be made fischers of men.

folio xviij.

MARK.

ND the farisees and summe of the scribis camen fro ierusalem togidir to hym. And whanne thei hadden seen summe of hise disciplis ete breed with vnwasschen hoondis/ thei blameden. The farisees and alle the iewis eten not/ but thei wasschen ofte her hoondis/ holdynge the tradiciouns of eldere men. And whanne thei turnen azen fro chepyng/ thei eten not/ but thei ben wasschen/ and many other thingis ben/ that ben taken to hem to kepe/ wasschyngis of cuppis/ and of watir vessels/ and of vessels of bras/ and of beddis. And farisees and scribis axiden hym/ and seiden/ Whi gon not thi disciplis aftir the tradicioun of eldere men/ but with vnwasschen hondis thei eten breed? And he answeride/ and seide to hem/

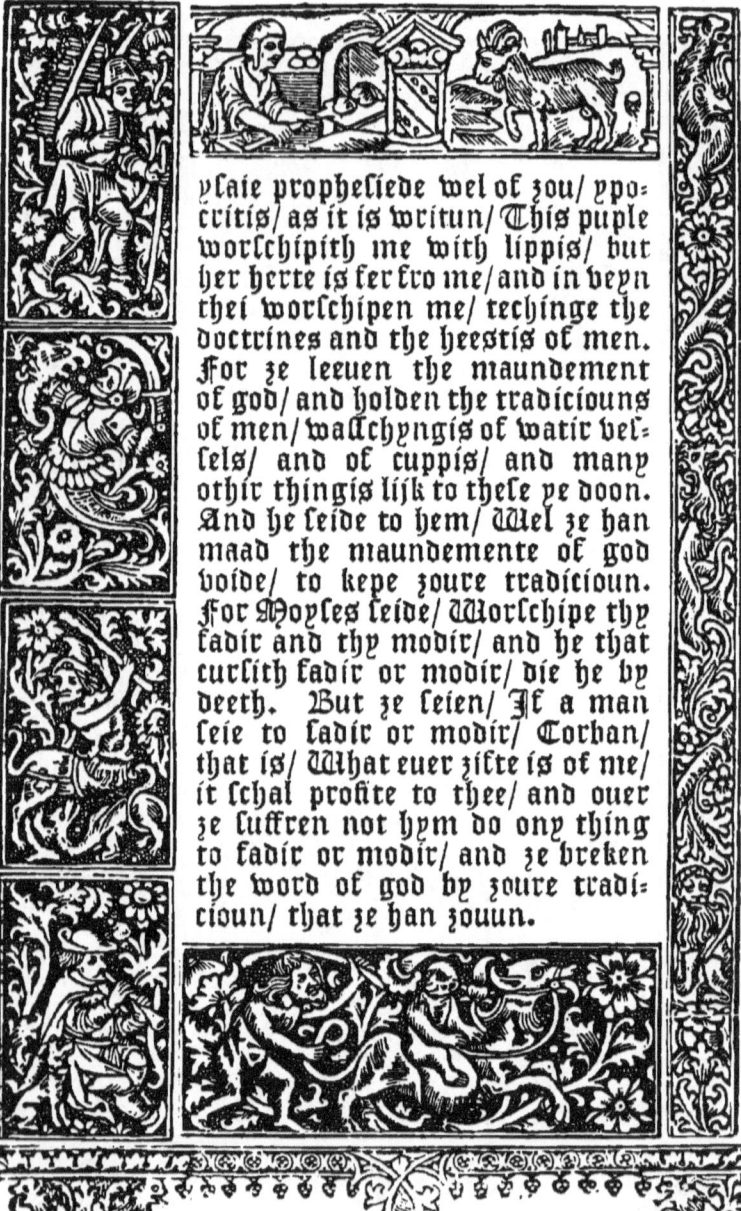

ysaie prophesiede wel of you/ ypocritis/ as it is writun/ This puple worschipith me with lippis/ but her herte is fer fro me/ and in veyn thei worschipen me/ techinge the doctrines and the heestis of men. For ze leeuen the maundement of god/ and holden the tradiciouns of men/ wasschyngis of watir vessels/ and of cuppis/ and many othir thingis lijk to these ye doon. And he seide to hem/ Wel ze han maad the maundemente of god voide/ to kepe zoure tradicioun. For Moyses seide/ Worschipe thy fadir and thy modir/ and he that cursith fadir or modir/ die he by deeth. But ze seien/ If a man seie to fadir or modir/ Corban/ that is/ What euer zifte is of me/ it schal profite to thee/ and ouer ze suffren not hym do ony thing to fadir or modir/ and ze breken the word of god by zoure tradicioun/ that ze han zouun.

folio xx.

MARK.

ND he seide to hem/ in that dai whanne euen= ynge was come/ passe we azenward/ and thei leften the puple/ and token hym/ so that he was in a boot and othere botis weren with hym.

And a greet storme of wynde was made/ and kest wawis in to the boot/ so that the boot was ful/ and he was in the hyndir part of the boot/ and sleppte on a pelewe/ and thei reisen hym/ and seiden to hym/ maistir perteyneth it not to thee/ that we perisschen/ and he roos vp and manasside the wynde/ and seide to the se/ be stille were doumbe/ and the wynde ceeside/ and greet pesiblenes was made/ and he seide to hem/ what dreden ye/ ye han no feith зit/ and thei dreden with greet drede/ and sei= den to eche other/ who gessist thou

is this/ for the wynde and the see
obeischen to hym.

And thei camen ouere the see/
in to the cuntre of gerazenes/
and aftir that he was gon out of
the boot/ anoon a man in an vn=
clene spirit ranne out of buriels
to hym/ whiche man hadde an
hous in biriels/ and nether with
chaynes now myзte ony man
bynde hym/ for oft tymes he was
bounden in stockis and cheynes
and he hadde broken the cheynes
and hadde brokun the stockis to
smale gobetis/ and no man myзte
make hym tame/ & euermore nyзt
and day in birielis and in hillis/
he was criynge/ and betynge hym=
silf with stones/ and he siз ihesus
afer and ranne and worschipide
hym/ and he cried with greet vois
and seide/ what to me and to thee/
thou ihesus the sone of the hiзist
god/ I coniure thee bi god/ that thou
turmente me not.

folio xxij.

LUKE.

ND lo a synful womman that was in the citee/ as sche knewe that ihesus sate at the mete/ in the hous of the farisie/ sche brouȝte an alabastre boxe of oynement/ and sche stode bihinde bisidis hise feet/ and bigan to moiste his feet with teeris/ and wipid with the heeris of hir heed/ and kiste hise feet/ and anointid with oynement. ⁋And the farisie seynge that hadde clepid him/ seide with ynne hym silf seiynge/ if this were a profete/ he schulde wite/ who and what maner womman it were that touchith him/ for sche is a synful womman/ and ihesus answerid and seide to hym/ Symount I haue summe thing to seie to thee/ and he seide/ maistir seie thou/ and he answerid theie dettouris weren to oo leener/ and oon ouȝte fyue

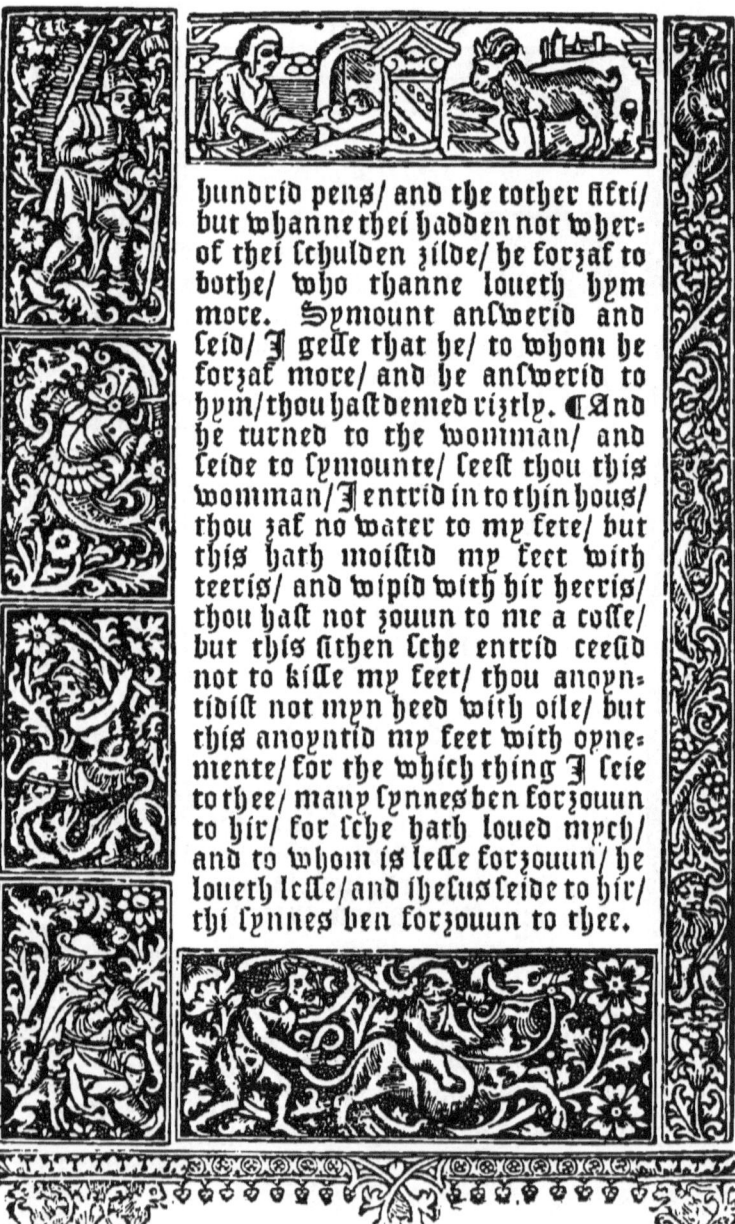

hundrid pens/ and the tother fifti/ but whanne thei hadden not wherof thei schulden ȝilde/ he forȝaf to bothe/ who thanne loueth hym more. Symount answerid and seid/ I gesse that he/ to whom he forȝaf more/ and he answerid to hym/ thou hast demed riȝtly. ¶And he turned to the womman/ and seide to symounte/ seest thou this womman/ I entrid in to thin hous/ thou ȝaf no water to my fete/ but this hath moistid my feet with teeris/ and wipid with hir heeris/ thou hast not ȝouun to me a cosse/ but this sithen sche entrid ceesid not to kisse my feet/ thou anoyntidist not myn heed with oile/ but this anoyntid my feet with oynemente/ for the which thing I seie to thee/ many synnes ben forȝouun to hir/ for sche hath loued mych/ and to whom is lesse forȝouun/ he loueth lesse/ and ihesus seide to hir/ thi synnes ben forȝouun to thee.

folio xxiv.

MARK.

ND oon of the cumpenye anſwerid and ſeide/ maiſtir I haue brouȝt to thee my ſone/ that hath a doumbe ſpirit/ and where euer he takith hym/ he hurtlith hym doun/ and he cometh and betith togidre with teeth/ and wexith drie/ and I ſeide to thi diſciplis that thei ſchulden caſt hym out/ and thei myȝten not/

☧and he anſwerid to hem and ſeide/ A thou generacioun out of bileue/ hou long ſchal I be among ȝou/ hou long ſchal I ſuffre ȝou/ bringe ye hym to me.

☧and he axed his fadir/ hou long is it ſith this hath falle to hym/ and he ſeide/ fro childehood/ and ofte he hath putte hym in to fier/ and in to watir to leſe hym/ but if thou maiſt ony thing help vs/ and haue merci on us/ and

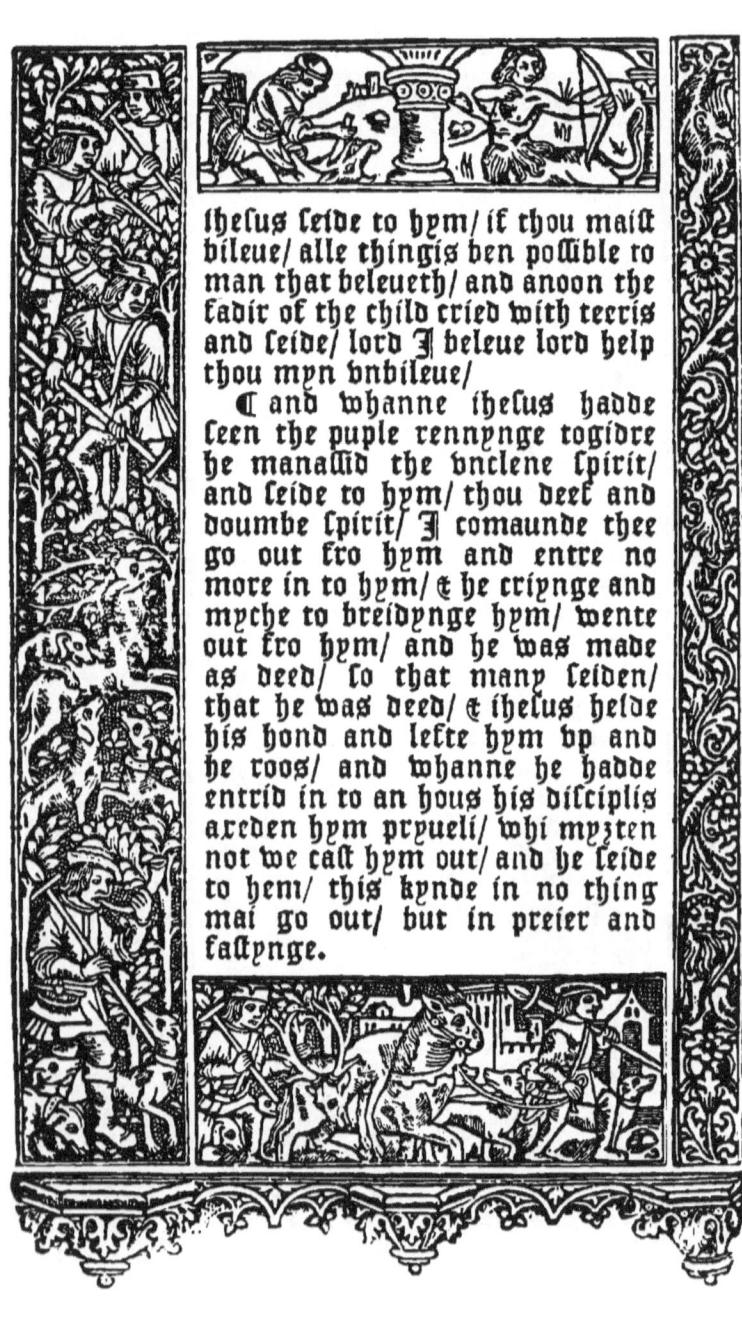

Jhesus seide to hym/ if thou maist bileue/ alle thingis ben possible to man that beleueth/ and anoon the fadir of the child cried with teeris and seide/ lord I beleue lord help thou myn vnbileue/

⁋ and whanne jhesus hadde seen the puple rennynge togidre he manassid the vnclene spirit/ and seide to hym/ thou deef and doumbe spirit/ I comaunde thee go out fro hym and entre no more in to hym/ & he crivnge and myche to breidynge hym/ wente out fro hym/ and he was made as deed/ so that many seiden/ that he was deed/ & jhesus helde his hond and lefte hym vp and he roos/ and whanne he hadde entrid in to an hous his disciplis axeden hym pryueli/ whi myȝten not we cast hym out/ and he seide to hem/ this kynde in no thing mai go out/ but in preier and fastynge.

folio xxvi.

MATTHEW.

ND whanne hes
twelue disciplis werun
clepid togidre/ he ȝaf
to hem power of vn-
clene spiritis/ to cast
hem out of men/ and to hele eueri
languore and sikenesse.

☞ Jhesus sente these twelue/ &
comaundid hem and seide/ go ȝe
not in to the weye of hethen men/
and entre ȝe not in to the citees
of samaritans/ but rather go ȝe
to the schepe of the hous of israel
that han perischid. And go ȝe/ and
preche ȝe and seie that the kingdom
of heuenes schal nyȝ/ hele ȝe sike
men/ reise ȝe deed men clense ȝe
mysels/ cast ȝe out deuelis/ freli ȝe
han takun/ freli ȝeue ȝe/ Nile ȝe
weeld gold ne siluer ne money in
ȝoure girdlis/ not a scrippe in the
weye/ nether two cootis/ nether
schon nether a ȝerd/ for a werk
man is worthi his mete/

¶In to what euer cite or castel
ye schuln entre/ are ye who ther=
ynne is worthi/ & there dwelle ye
til ye gon out/ and whanne ye goen
in to an hous/ grete ye it/ and seien/
pees to this hous/ and if thilke hous
be worthi/ youre pees schal come on
it/ but if that hous be not worthi/
youre pees schal turne azen to you/

¶And who euer rescepueth not
you nether heerith youre wordis/
go ye fro that hous or citee/ and
sprynge of the dust of youre feet/
truli I seie to you/ it schal be more
suffrable to the lond of men of
sodom and of Gommor/ In the
dai of Jugement/ thanne to thilke
cite/

¶Lo I sende you as scheep in the
myddil of wolues/ therfor be ye
slize as serpentis/ and symple as
dowues/ but be ye ware of men/
for thei schuln take you in councel-
is/ and thei schuln bete you in her
synagogis.

folio xxviij.

MATHEW.

BUT whan Joon in boondis hadde herde the werkis of crist/ he sente tweyne of hise disciplis/ and seide to hym/ art thou he that schal come/ or we abiden an other/ and ihesus answerid and seide to hem/ go ye and telle aȝen to Jon thoo thingis that ye han herd and seyn/ blinde men seen/ crokid men gon/ my‑ selis ben made clene/ deef men heren/ deed men risen aȝen/ pore men ben taken to prechynge of the gospel/ and he is blessid that schal not be sclaundrid in me/ & whanne thei weren gon aweye/ ihesus bigan to seie of Jon to the puple/ what thing wenten ye out in to desert to se/ a reed wawid with the wynde/ or what thing wenten ye out to se/ a man clothid with softe clothis/ lo thei that ben clothid with softe clothis/ ben in

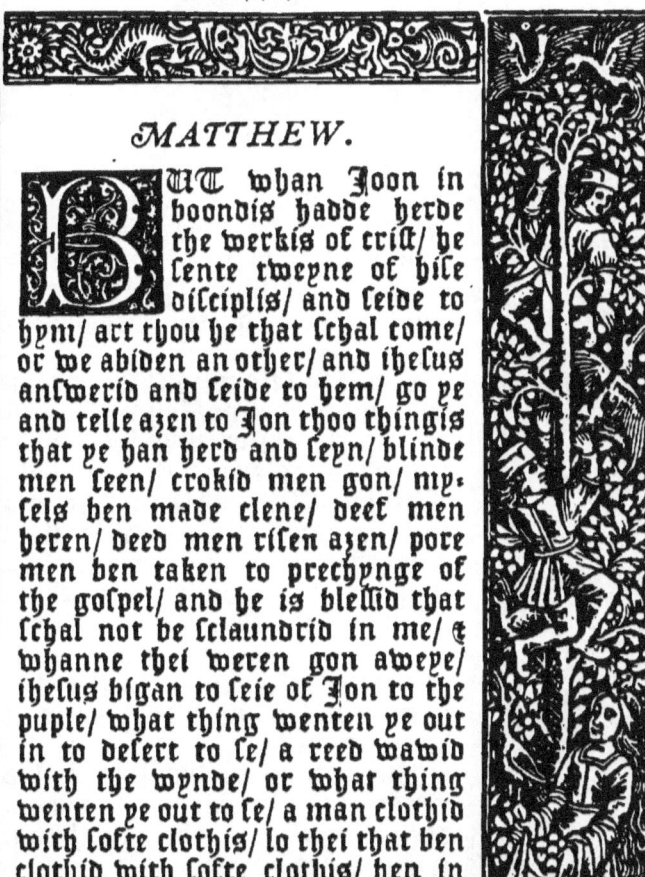

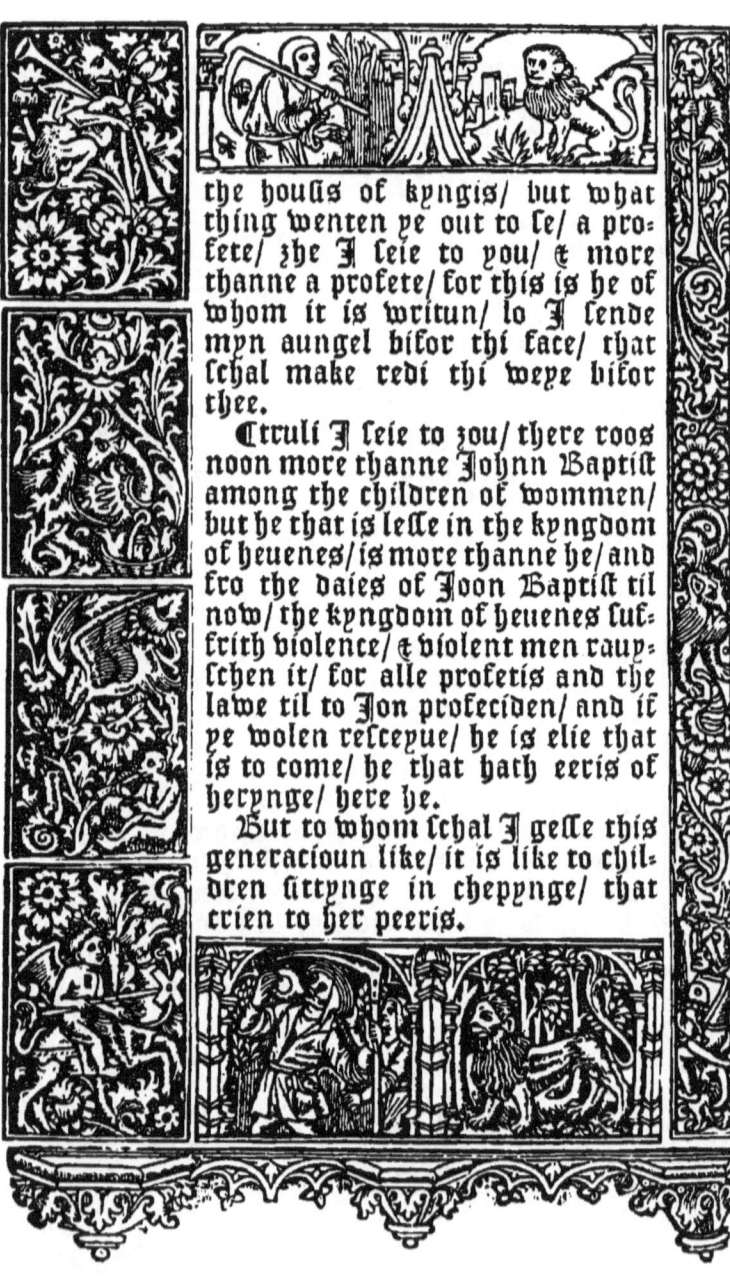

the houſis of kyngis/ but what
thing wenten ȝe out to ſe/ a pro-
fete/ ȝhe I ſeie to you/ ⁊ more
thanne a profete/ for this is he of
whom it is writun/ lo I ſende
myn aungel bifor thi face/ that
ſchal make redi thi weye bifor
thee.

Ctruli I ſeie to ȝou/ there roos
noon more thanne Johnn Baptiſt
among the children of wommen/
but he that is leſſe in the kyngdom
of heuenes/ is more thanne he/ and
fro the daies of Joon Baptiſt til
now/ the kyngdom of heuenes ſuf-
frith violence/ ⁊ violent men rauy-
ſchen it/ for alle profetis and the
lawe til to Jon profeciden/ and if
ȝe wolen reſceyue/ he is elie that
is to come/ he that hath eeris of
herynge/ here he.

But to whom ſchal I geſſe this
generacioun like/ it is like to chil-
dren ſittynge in cheppnge/ that
crien to her peeris.

folio xxx.

folio xxxi.

MATTHEW.

HANNE summe of the farisies ⁊ of the scri‌bis/ answereden to him ⁊ seiden/ Maistir we wolen se a token of thee/ which answerid ⁊ seide to hem/ an yuel kynrede ⁊ a spouse breker/ sekith a tokene/ ⁊ a token schal not be ȝouun to it/ but the token of Jonas the profete/ for as Jonas was in the wombe of a whaal thre daies ⁊ thre nyȝtis/ so mannes sone schal be in the herte of the erthe thre daies and thre nyȝtis/ ⁊ men of nynyue schulen rise in doom with this generacioun and schulen condempne it/ for thei diden penaunce in the prechynge of Jonas/ and lo here a gretter than Jonas/ ❧the qwene of the south schal rise in doom with this generacioun ⁊ schal condempne it/ for sche cam fro the endis of the erthe to here the wisdom of salo‌

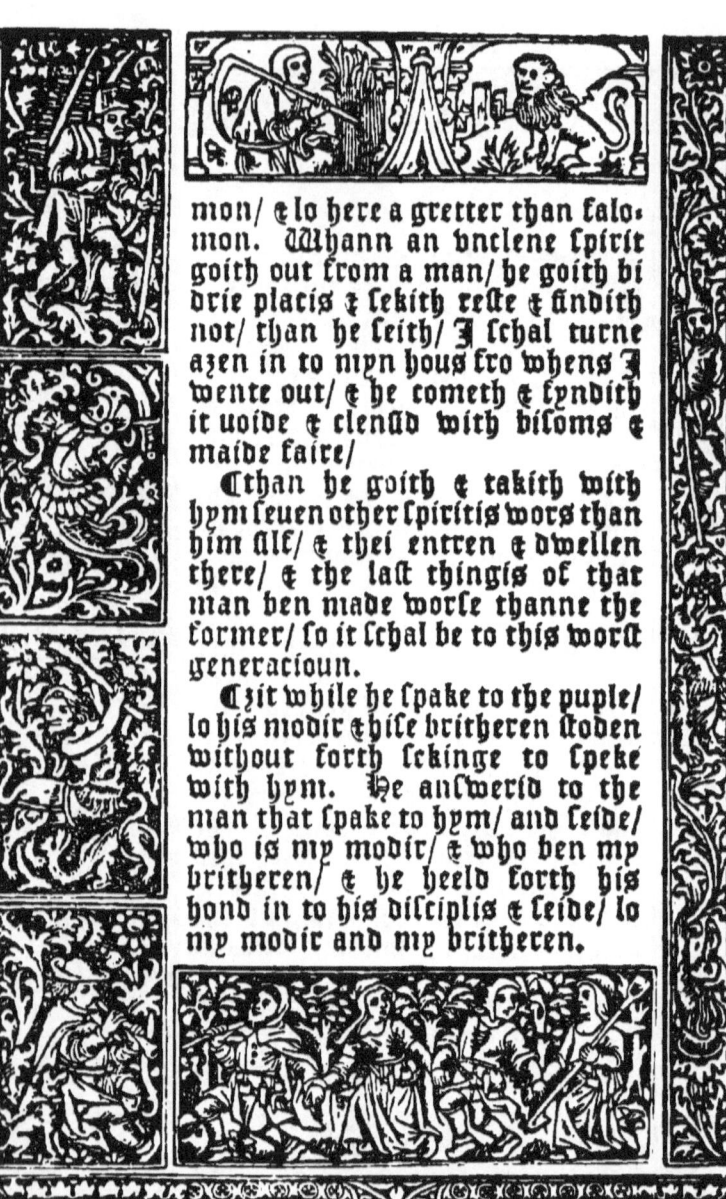

mon/ & lo here a gretter than salomon. Whann an vnclene spirit goith out from a man/ he goith bi drie placis & sekith reste & findith not/ than he seith/ I schal turne azen in to myn hous fro whens I wente out/ & he cometh & fyndith it voide & clensid with bisoms & maide faire/

Than he goith & takith with hym seuen other spiritis wors than him silf/ & thei entren & dwellen there/ & the last thingis of that man ben made worse thanne the former/ so it schal be to this worst generacioun.

Zit while he spake to the puple/ lo his modir & hise britheren stoden without forth sekinge to speke with hym. He answerid to the man that spake to hym/ and seide/ who is my modir/ & who ben my britheren/ & he heeld forth his hond in to his disciplis & seide/ lo my modir and my britheren.

folio xxxij.

MATTHEW.

E spake to hem many thingis in parablis & seide/ lo he that sowith zede out to sowe his seed/ And while he sowith/ sum seed is fillen bisidis the wey/ and briddis of the eir camen/ and eten hem/ but othir sedis fillen in to stony placis/ where thei hadden not moch erthe/ & anoon thei sprungun up/ for thei hadden not depnes of erthe/ but whan the sunne was risen/ thei swaliden/ & for thei hadden not roote thei dried up/ & other sedis fillen among thornes/ & thornes woxen up/ & strangliden hem/ but other seed is fillen in to good lond/ and zauen frupt/ sum an hundride foold/ another sixti foold/ an other thritti foold/ he that hath eeris of heringe/ here he.

¶ the disciplis camen nyz/ & seiden to him/ whi spekist thou in

parablis to hem/ ⁊ he answeride
⁊ seid to hem/ for to ȝou it is ȝouun
to knowe the priuytees of the king=
dom of heuenes/ but it is not ȝouun
to hem/ for it schal be ȝouun to hym
that hath/ ⁊ he schal haue plente/
but if a man hath not/ also that
thing that he hath/ schal be taken
awey fro him/ therfor I speke to
hem in parablis/ for thei seinge/
se not/ ⁊ thei heringe heren not/
nether vndirstonden/ that the pro=
fecie of Isaie seiynge be fulfillid in
hem/ with heringe ȝe schulen here
⁊ ȝe schulen not vndirstond and ȝe
seynge/ schulen se/ and ȝe schuln
not se/ for the herte of this puple
is greetli fattid/ and thei herden
heuyli with eris/ and thei han clo=
sid her iȝen/ leest sumtyme thei seen
with iȝen and heren with eeris ⁊
vndirstonden in herte/ and thei ben
conuertid ⁊ I heele hem/ ⹂but
ȝoure iȝen that seen ben blessid/ ⁊
ȝoure eeris that heren.

folio xxxiv.

MATTHEW.

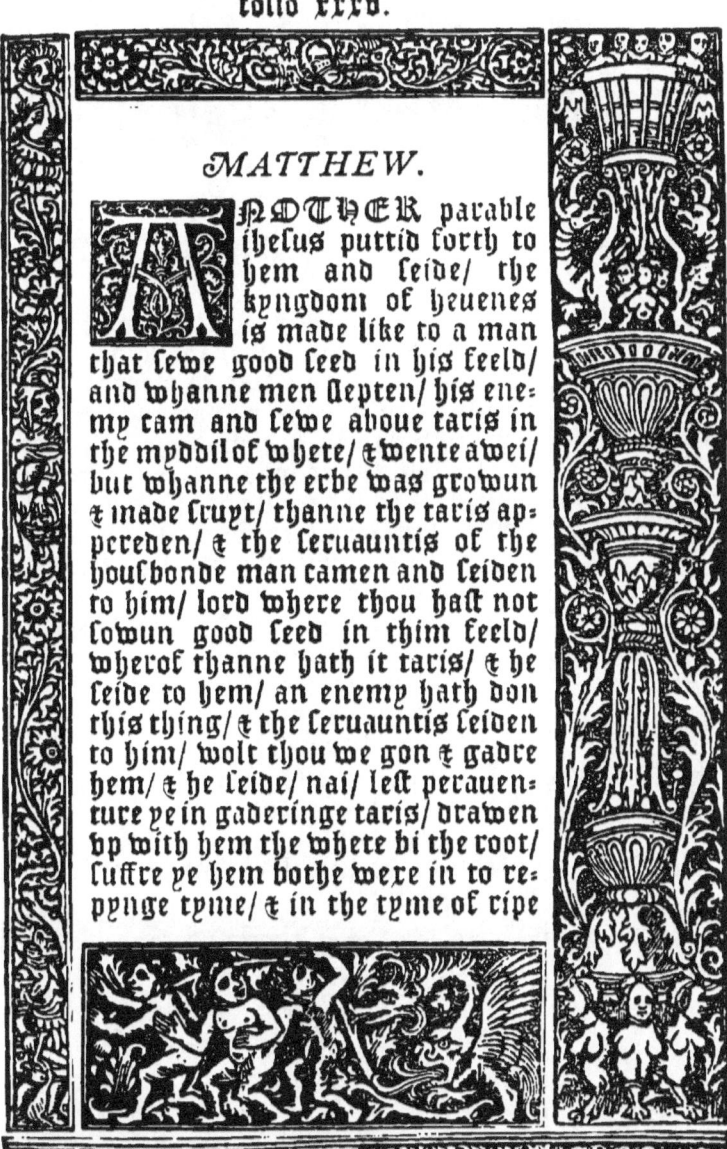

ANOTHER parable ihesus puttid forth to hem and seide/ the kyngdom of heuenes is made like to a man that sewe good seed in his feeld/ and whanne men slepten/ his enemy cam and sewe aboue taris in the myddil of whete/ & wente awei/ but whanne the erbe was growun & made fruyt/ thanne the taris apperiden/ & the seruauntis of the housbonde man camen and seiden to him/ lord where thou hast not sowun good seed in thim feeld/ wherof thanne hath it taris/ & he seide to hem/ an enemy hath don this thing/ & the seruauntis seiden to him/ wolt thou we gon & gadre hem/ & he seide/ nai/ lest perauenture ye in gaderinge taris/ drawen vp with hem the whete bi the root/ suffre ye hem bothe were in to repynge tyme/ & in the tyme of ripe

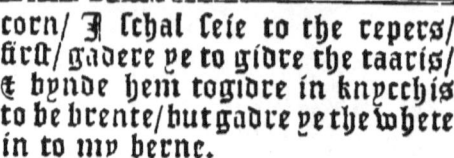

corn/ I schal seie to the repers/ first/ gadere ye to gidre the taaris/ & bynde hem togidre in knycchis to be brente/ but gadre ye the whete in to my berne.

Another parable ihesus putte forth to hem and seide/ the kyngdom of heuenes is like to a corne of syneuey/ whiche a man took & sewe in his feeld/ which is the leest of alle sedis/ but whanne it hath woxen/ it is the moste of alle wortis/ & is made a tree/ so that briddis of the eir/ comen & dwellen in the bowis therof.

Another parable ihesus spak to hem/ the kyngdom of heuene is like to sourdouȝ/ which a womman took & hid in thre mesuris of mele/ til it were al sourid.

Ihesus spak alle these thingis in parablis to the puple/ & he spak not to hem without parablis/ that it schulde be fulfillid/ that is seid bi the profete.

folio xxxvi.

folio xxxvij.

MATTHEW.

ND iheſus ʒede out fro thennes/ & wente in to the cooſtis of tire & of ſidon/ and lo a womman of canane ʒede out of tho cooſtis/ and cried & ſeide to hym/ lord the ſone of dauith/ haue merci on me/ my douʒtir is yuel traueſlid of a fend/ and he anſwerid not to hir a word/ and hiſe diſciplis camen/ & preieden hym & ſeiden/ leue thou hir/ for ſche crieth aftir vs/ he anſwerid & ſeide/ I am not ſente but to the ſcheep of the hous of Iſrael that periſchiden/ & ſche came and worſchipid him & ſeide/ lorde help me/ whiche anſwerede & ſeide/ it is not good to take the breed of children/ and caſte to houndis.

And ſche ſeide/ ʒhis lord/ for whelpis eten of the cromympſ/ that fallen doun fro the bord of her lordis/ thanne iheſus anſweride/

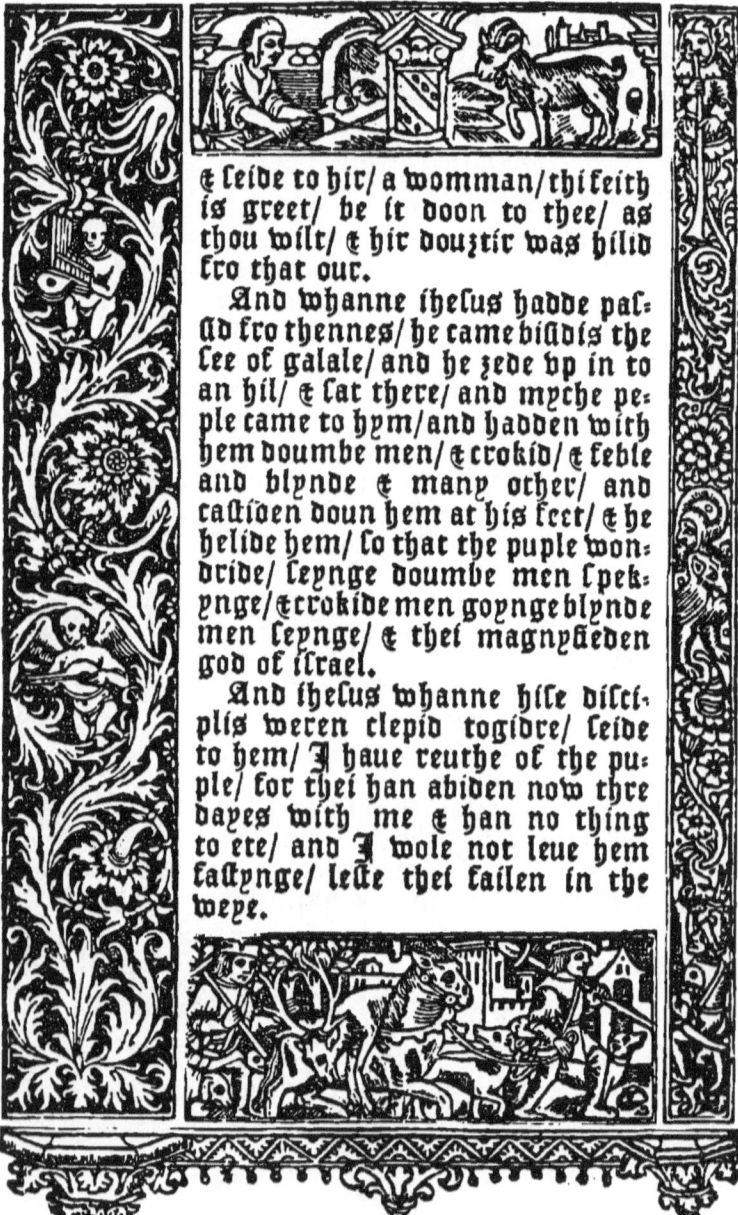

& seide to hir/ a womman/ thi feith is greet/ be it doon to thee/ as thou wilt/ & hir douȝtir was bilid fro that our.

And whanne ihesus hadde pas‑ sid fro thennes/ he came bisidis the see of galale/ and he ȝede vp in to an hil/ & sat there/ and myche pe‑ ple came to hym/ and hadden with hem doumbe men/ & crokid/ & feble and blynde & many other/ and castiden doun hem at his feet/ & he helide hem/ so that the puple won‑ dride/ seynge doumbe men spek‑ ynge/&crokide men goynge blynde men seynge/ & thei magnyfieden god of israel.

And ihesus whanne hise disci‑ plis weren clepid togidre/ seide to hem/ I haue reuthe of the pu‑ ple/ for thei han abiden now thre dayes with me & han no thing to ete/ and I wole not leue hem fastynge/ leste thei failen in the weye.

folio xxviij.

MATTHEW.

ND whanne hise disciplis camen ouer the see/ thei forzaten to take looues/ ⁊ he seide to hem/ bihold ye ⁊ be ware of sourdouz of Pharisees ⁊ saduceis/ ⁊ thei thouzten among hem/ ⁊ seiden/ for we han not take looues/ zit vndirstonden not ye nether han mynde of fyue looues in to fyue thousand of men/ ⁊ hou many cofyns ye token/ nether of seuene looues in foure thousand of men/ and hou many lepus ye token.

Whi vndirstonde ye not/ for I seide not to zou of breed/ be ye ware of the sourdouz of Pharisees ⁊ saduceis/ thanne thei vndirstoden/ that he seide not be ware of sourdouz of loues/ but of the techynge of farisees ⁊ saduceis.

And Jhesus cam in to the partis of cesarie of philip/ ⁊ axid hise disciplis and seide/ whom seien men

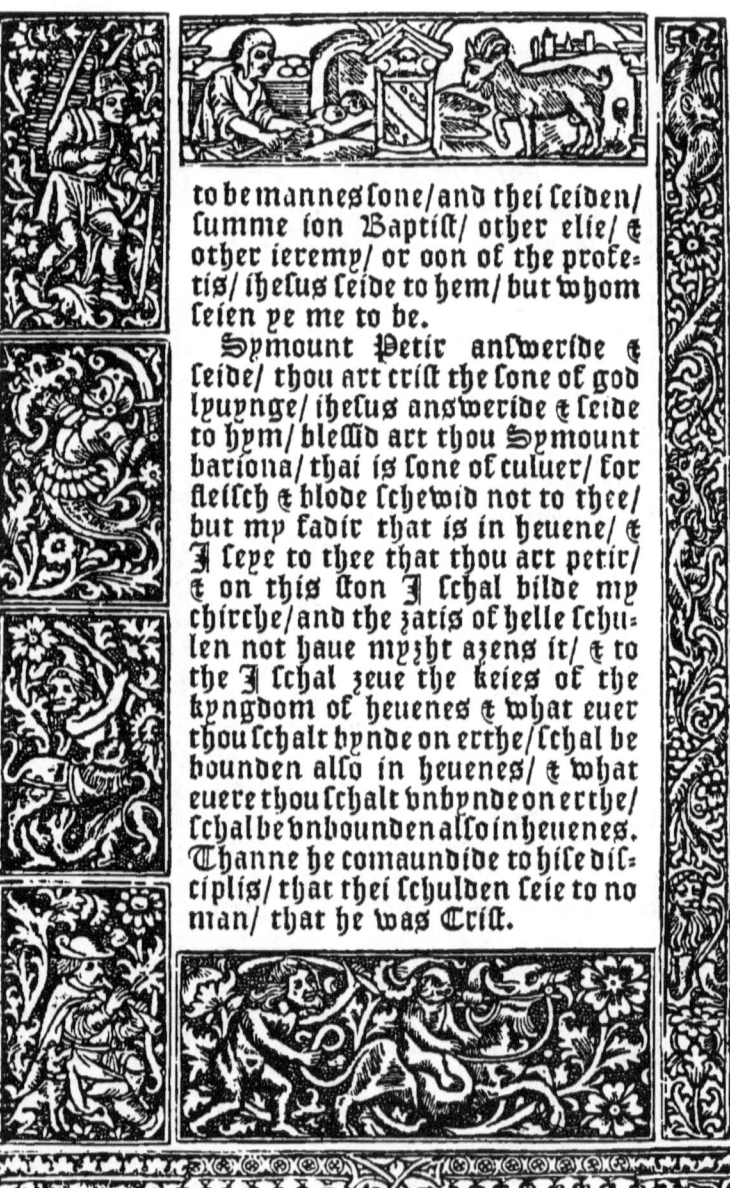

to be mannes sone/ and thei seiden/ summe ion Baptist/ other elie/ & other ieremy/ or oon of the profetis/ ihesus seide to hem/ but whom seien ye me to be.

Symount Petir answeride & seide/ thou art crist the sone of god lyuynge/ ihesus answeride & seide to hym/ blessid art thou Symount bariona/ that is sone of culuer/ for fleisch & blode schewid not to thee/ but my fadir that is in heuene/ & I seye to thee that thou art petir/ & on this ston I schal bilde my chirche/ and the zatis of helle schulen not haue myzht azens it/ & to the I schal zeue the keies of the kyngdom of heuenes & what euer thou schalt bynde on erthe/ schal be bounden also in heuenes/ & what euere thou schalt vnbynde on erthe/ schal be vnbounden also in heuenes. Thanne he comaundide to hise disciplis/ that thei schulden seie to no man/ that he was Crist.

folio xl.

MATHEW.

N that oure the disciplis camen to ihesus & seiden/ who gossest thou is gretter in the kyngdom of heuenes/ & ihesus clepid a litil child/ & put hem in the myddil of hem/ and seide/ I seye treuthe to 3ou/ but 3e be turned & made as litil children/ 3e schulen not entre in to the kyngdom of heuenes/ therfor who euer mekith him as this litil child/ he is gretter in the kyngdom of heuenes/ & he that resceyueth oon suche litil child in my name/ resceyueth me/ but who so sclaundreth oon of these smale that bileuen in me it spedith to hym/ that a mylle stoon of assis be hangid in his necke & he be drenchid in the depnesse of the see/ wo to the world for sclaundris/ For it is nede/ that sclaundris come/ netheles wo to thilke man/ bi whom a sclaundre cometh.

And if thin hond or thi foot sclaundrith thee/ kit it of & cast awey fro thee/ it is betir to thee to entre to liif/ feble ether crokid/ than hauynge two hondis/ or tweyne feet to be sente in to euer-lastinge fier.

And if thin iȝe sclaundre thee/ pulle it out & caste aweye fro thee/ it is beter to thee with oon iȝe to entre in to liif/ thanne hauynge tweye iȝen to be sente in to the fier of helle.

Se ye that ye dispise not oon of these of litil/ for I sey to you/ that the angelis of hem in heuenes/ seen euermore the face of my fadir that is in heuenes/ for mannes sone cam to saue that thing that perisschid/ what semeth to you/ if there weren to sum man an hun-drid scheep & oon of hem hath errid/ where he schal not leue nynti & nyne in desert/ and schal go to seche that/ that errid.

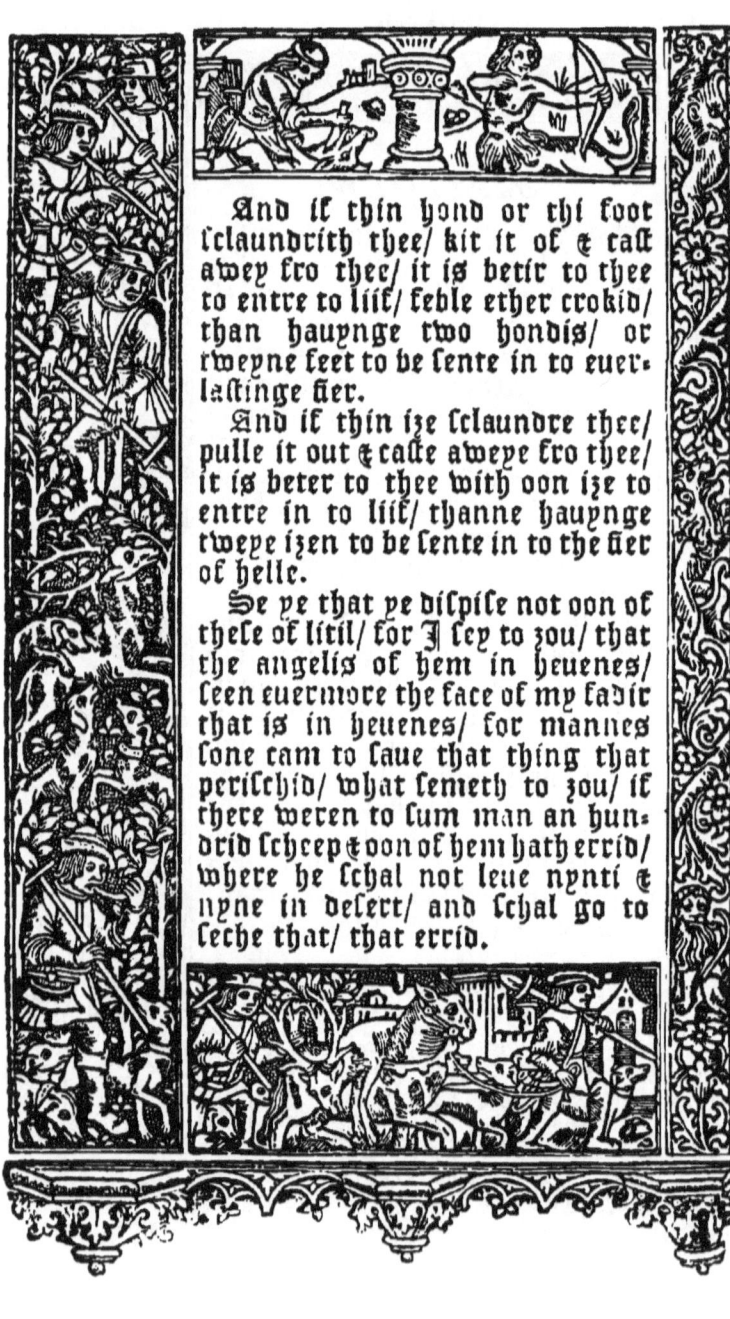

folio xlij.

JOHN.

THERFOR ihesus cam in a citee of Samarie/ that is clepid Sikar/ bisidis the place that Jacob ȝaf to Joseph his sone/ and the welle of Jacob was there/ and ihesus was weri of the iourneï/ and sat thus on the welle/

⸿ and the our was as it were the sixte/ and a womman cam fro Samarie/ to drawe watir/ and ihesus seith to hir/ ȝeue me drynke/ therfor thilke womman of Samarie seith to hym/ hou thou whanne thou art a Jewe/ arist of me drynke that am a womman of Samarie/ for Jewis usen not to dele with Samaritans/ ihesus answerid and seide to hir/ eche man that drynkith of this watir/ schal thirst eftsone/ but he that drynkith of the watir that I schal ȝeue hym/ schal not thirst withouten ende.

And camen to hym/ in the meene

while hise disciplis preieden hym
and seiden/ maistir ete/ but he seide
to hem/ I haue mete to ete/ that
ye knowen not/ therfor the disci=
plis seiden to gidre/ whether ony
man hath brouȝte hym mete to ete/
ihesus seith to hem/ my mete is
that I do the wille of hym that
sente me/ that I perfourme the
werk of him.

  Whether ye seien not/ that ȝit
foure monethis ben/ and ripe corne
cometh/ lo I seie to ȝou/ lefte up
ȝoure iȝen and se ye the feldis/ for
now thei ben white to repe/ and he
that repith/ takith hire/ and gade=
rith frupt in to euerlastinge liif/
that bothe he that sowith and he
that ripith/ haue ioie to gidre/ in
this thing is the word trewe/ for
another is that sowith and another
that repith/ I sente ȝou to repe that
that ye han not traueilid/ other
men han traueilid/ and ye han en=
trid in to her traueilis.

folio xlix.

JOHN.

AND in Ierusalem is a waïschynge place/ that in ebrewe is named bethsaida/ and hath fyue porchis/ in these laïe a greete multitude of sike men/ blinde/ crokid/ and drie/ abidynge the mouynge of the watir/ for the aungel of the lord cam doun certeyn tymes in to the watir/ and the watir was moued/ and he that first cam doun in to the sisterne aftir the mouynge of the watir was made hool of what euer sikenesse he was holden/ and a man was there hauynge eiȝte and thritti ȝeer in his sikenesse/ and whanne ihesus hadde seen hym liggynge and hadde knowen/ that he hadde myche tyme/ he seith to him/ wolt thou be made hool/ the sike man answerid to hym/ lord I haue no man that whanne the water is moued to putte me in to the cis-

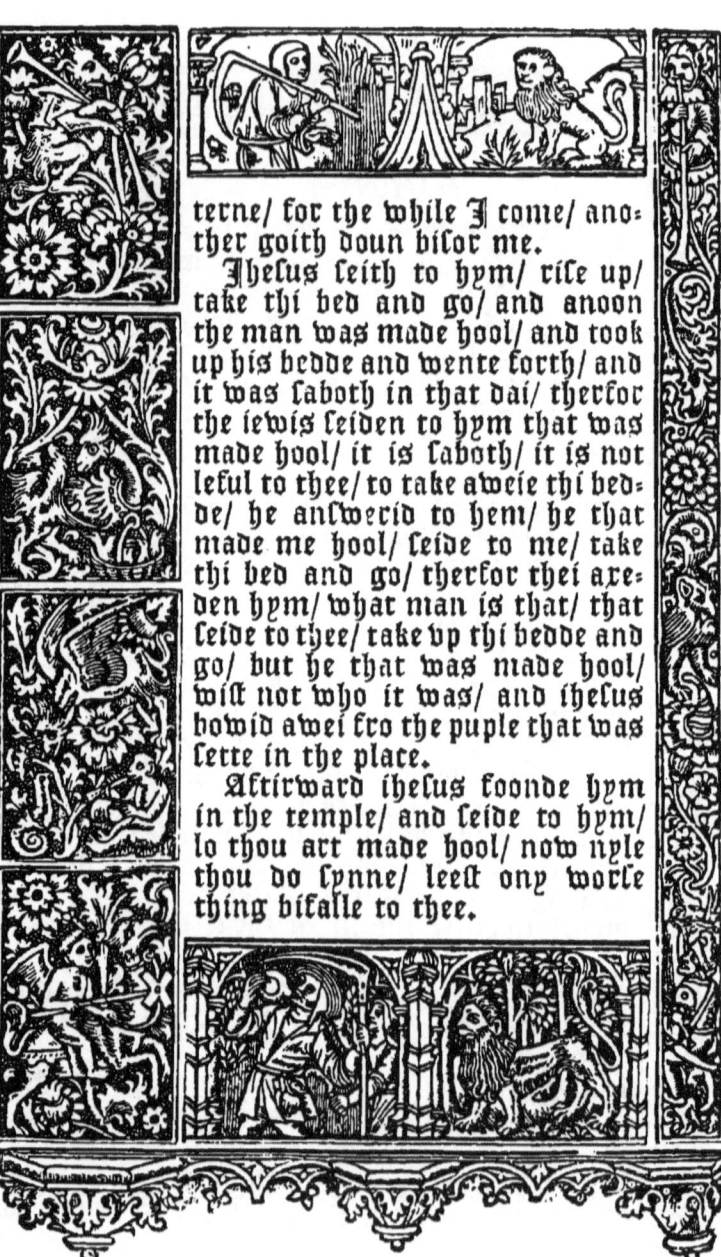

terne/ for the while I come/ another goith doun bifor me.

Jhesus seith to hym/ rise up/ take thi bed and go/ and anoon the man was made hool/ and took up his bedde and wente forth/ and it was saboth in that dai/ therfor the iewis seiden to hym that was made hool/ it is saboth/ it is not leful to thee/ to take aweie thi bedde/ he answerid to hem/ he that made me hool/ seide to me/ take thi bed and go/ therfor thei axeden hym/ what man is that/ that seide to thee/ take up thi bedde and go/ but he that was made hool/ wist not who it was/ and ihesus bowid awei fro the puple that was sette in the place.

Aftirward ihesus foonde hym in the temple/ and seide to hym/ lo thou art made hool/ now nyle thou do synne/ leest ony worse thing bifalle to thee.

folio xlvi.

JOHN.

HERFOR thei feiden to hym/ what tokene thanne doist thou/ that we feen and bileue to thee/ what worchist thou/ oure fadris eten manna in deferte/ as it is writun/ he ʒaf to hem breed/ fro heuene to ete/ therfor ihefus feith to hem/ truli truli J feie to ʒou/ moifes ʒaf ʒou not breed fro heuene/ but my fadir ʒeueth ʒou verri breed fro heuene/ for it is verri brede that cometh doun fro heuene/ and ʒeueth liif to the world. Therfor thei feiden to him/ lord euer ʒeue us this breed/ and ihefus feide to hem/ J am breed of liif/ he that cometh to me/ fchal not hungre/ he that bileueth in me fchal neuer thirft/ but J feide to ʒou that ʒe han feen me/ and ʒe bileueden not. Al thing that the fadir ʒeueth to me fchal come to me/ and J fchal not caft him out/

that cometh to me/ for I cam doun
fro heuene/ not that I do my wille/
but the wille of hym that sente me/
& this is the wille of the fadir that
sente me/ that al thing that the fa-
dir ʒaf me/ I lese not of it/ but aʒen
reise it in the laſt dai/ & this is the
wille of my fadir that sente me/
that eche man that seeth the sone/
and bileueth in hym/ haue euer-
laſtynge liif/ and I schal aʒenreise
him in the laſt dai. Therfor iewis
grucchiden of hym for he hadde
seide. I am breed that cam doun
fro heuene/ and thei seiden/ whe-
ther this is not iheſus the sone of
Joseph/ whos fadir and modir we
han knowen/ hou thanne seith this
that I cam doun fro heuene/ ther-
for iheſus answerid and seide to
hem/ nyle ye grucche to gidre.

No man mai come to me/ but
if the fadir that sente me drawe
hym/ and I schal aʒenreise hym
in the laſt dai.

folio ulbiij.

MARK.

AND whanne he hadde take the fyue looues and tweie fiſchis/ he biheeld in to heuene/ and bleſſid and brak loues/ and ʒaf to hiſe diſciplis/ that thei ſchuln ſette biſor hem/ and he departed tweie fiſchis to alle/ and alle eten and weren fulfillid/ and thei token the releſis of broken me‐ tis/ twelue coffyns ful/ and of the fiſchis/ and thei that eten weren fyue thouſand of men/ ꞇ anoon he made hiſe diſciplis to gone vpin to a boot/ to paſſe bifore hym ouer the ſee to bethſaida/ the while he lefte the puple. ⁋And he ſaie hem tra‐ ueilinge in rowinge/ for the wynde was contrarie to hem/ and aboute the fourthe wakinge of the nyʒt/ he wandride on the ſee and cam to hem/ and wolde paſſe hem/ and as thei ſaien hym wandringe on the ſee/ thei geſſiden that it were a fan‐

tum/ and crieden out/ for alle saien hym/ and thei weren affraied/ and anoon he spak with hem/ and seide to hem/ triste ye/ I am/ nyle ye drede/ and he cam up to hem in to the boot/ and the wynde cessid/ and thei wondriden more withynne hem silf/ for thei undirstoden not of the loues/ for her herte was blyndid/ ⸿and whanne thei weren passid ouer the see/ thei camen into the lond of genazareth and settiden to lond/ and whanne thei weren gon out of the boot/ anoon thei knewen hym/ and thei ran thoruȝ al that cuntre/ and bigunnen to brynge sike men in beddis on eche side where thei herden that he was/ and whidir euer he entrid in to vilagis ether in to townes or in to citees/ thei setten sike men in stre= tis/ and preieden hym/ that thei schulden touche nameli the hem= me of his cloth/ and hou many that touchiden hym weren made saaf.

folio I.

MATTHEW.

HE kyngdom of heuenes is lic to an housbonde man/ that wente out first bi the morwen to hire werkmen to his vynezerd/ ¶ whanne couenaunt was made with werkmen of a penye for the day/ he sente hem in to his vynzerd/ and he ȝede out aboute the thridde oure/ ¶ siȝe othere stondynge idil in the cheping/ and he seide to hem/ go ye also in to my vynezerd/ ¶ that/ that schal be riȝtful/ I schal ȝeue to ȝou/ ¶ thei wenten forȝt/ eftsones he wente out aboute the sixe our/ ¶ the nynthe/ ¶ dide on licke maner/ but aboute the .xj. our he wente out/ ¶ fonde other stondynge ¶ he seide to hem/ what stonden ye idil here al day/ thei seiden to hym/ for no man hath hirid us/ he seide to hem/ go ye also in to my vynezerd. And whanne euenynge was comen/ the

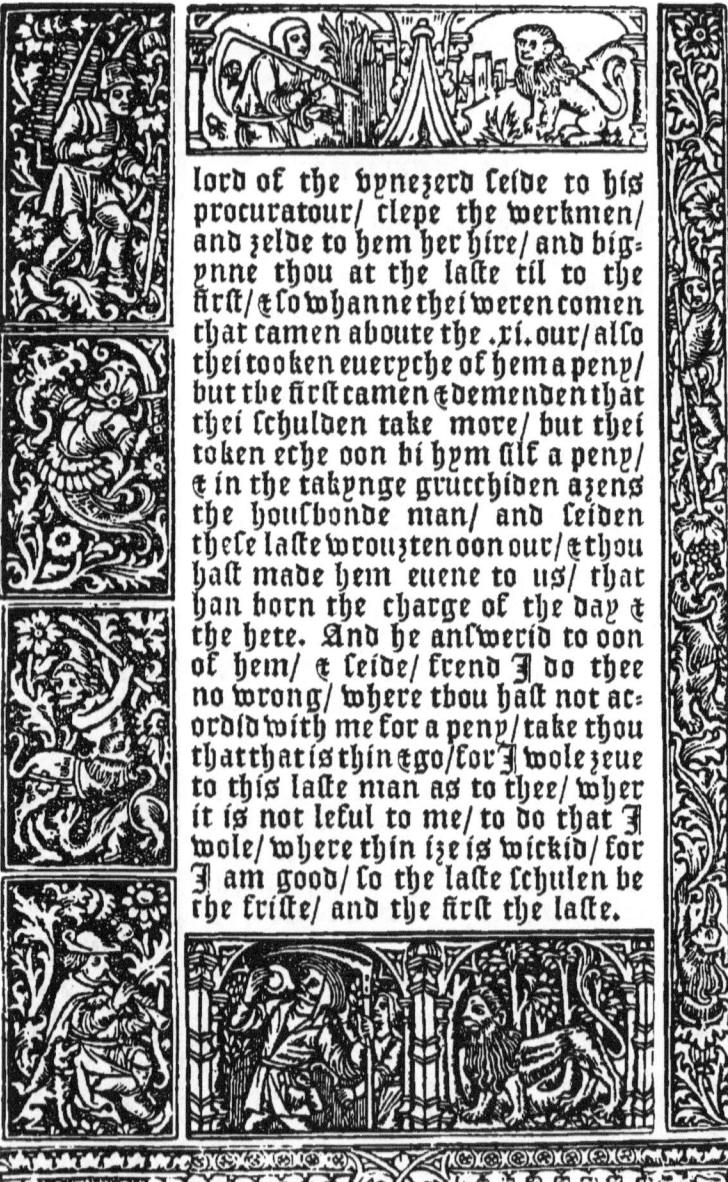

lord of the vynezerd ſeide to his procuratour/ clepe the werkmen/ and zelde to hem her hire/ and bigynne thou at the laſte til to the firſt/ & ſo whanne thei weren comen that camen aboute the .xi. our/ alſo thei tooken eueryche of hem a peny/ but the firſt camen & demenden that thei ſchulden take more/ but thei token eche oon bi hym ſilf a peny/ & in the takynge grucchiden azens the houſbonde man/ and ſeiden theſe laſte wrouzten oon our/ & thou haſt made hem euene to us/ that han born the charge of the day & the hete. And he anſwerid to oon of hem/ & ſeide/ frend I do thee no wrong/ where thou haſt not acordid with me for a peny/ take thou that that is thin & go/ for I wole zeue to this laſte man as to thee/ wher it is not leful to me/ to do that I wole/ where thin ize is wickid/ for I am good/ ſo the laſte ſchulen be the friſte/ and the firſt the laſte.

Folio lij.

MATTHEW.

ND Jhesus wente vp to Jerusalem/ & toke hise .xij. disciplis in pryuyte/ & seide to hem/ lo we goen vp to Jerusalem/ & mannes sone schal be bitaken to the pryncees of preestis & scribis & thei schulen condempne hym to deeth/ & thei schulen bitake hym to hethen men/ for to be scorned/ and scorgid/ and crucifiede/ & the thridde day he schal rise azen to liif.

Thanne the modir of the sones of zebidee/ came to hym with her sones/ onourynge & axynge sum thing of hym/ & he seide to hir what wilt thou/ sche seide to hym/ seye that these twey myn sones sitte/ oon at thi rizthalf/ & oon at thi lefthalfe in thi kyngdom.

Jhesus answerid & seide/ ye witen not what ye axen/ moun ye

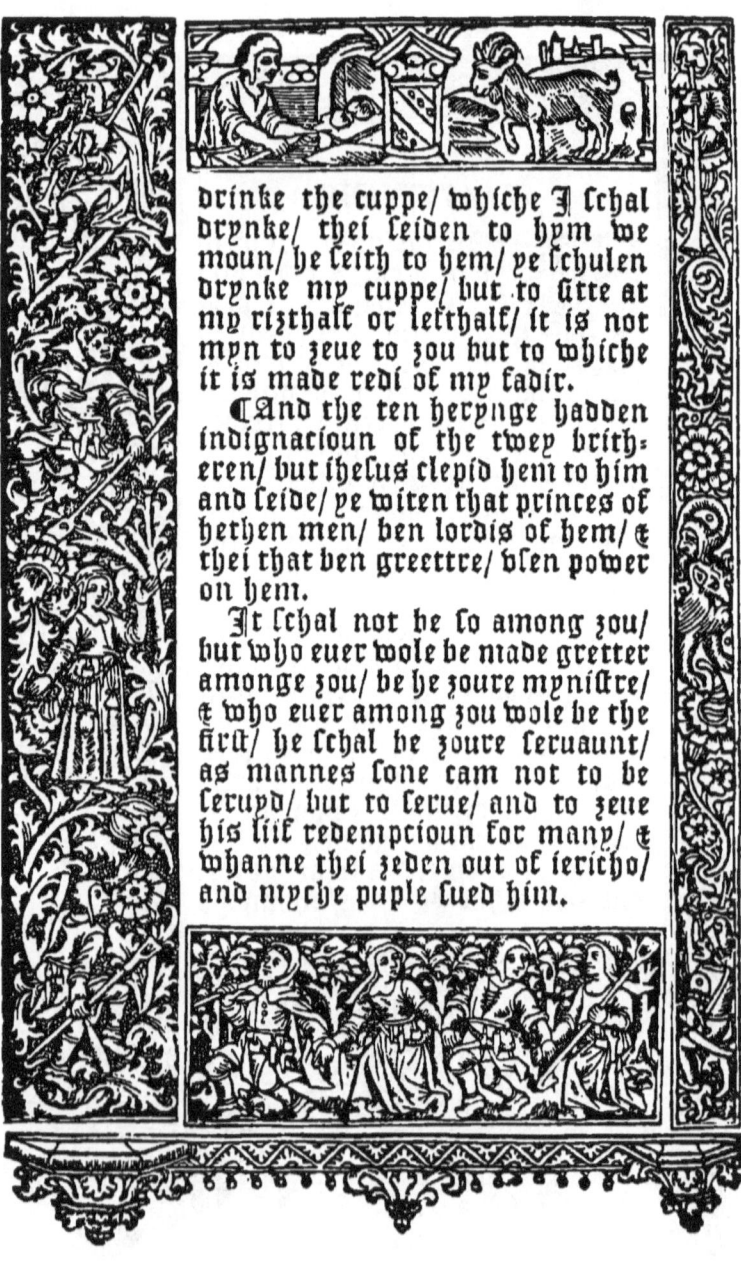

drinke the cuppe/ whiche I schal drynke/ thei seiden to hym we moun/ he seith to hem/ ye schulen drynke my cuppe/ but to sitte at my rizthalf or lefthalf/ it is not myn to zeue to zou but to whiche it is made redi of my fadir.

⁋And the ten herynge hadden indignacioun of the twey britheren/ but ihesus clepid hem to him and seide/ ye witen that princes of hethen men/ ben lordis of hem/ & thei that ben greettre/ vsen power on hem.

It schal not be so among zou/ but who euer wole be made gretter amonge zou/ be he zoure mynistre/ & who euer among zou wole be the first/ he schal be zoure seruaunt/ as mannes sone cam not to be serupd/ but to serue/ and to zeue his liif redempcioun for many/ & whanne thei zeden out of iericho/ and myche puple sued him.

folio lib.

LUKE.

NETHELES loue ye youre enemyes and do ye wel/ and lene ye hopyng no thing therof/ & youre mede schal be myche/ and ye schuln be the sones of the hiȝist/ for he is benygne on vnkynde men and yuel men. Therfor be ye merciful/ as youre fadir is merciful/ nyle ye deme/ and ye schuln not be demed/ nyle ye condempne/ and ye schuln not be condempned/ forȝeue ye/ and it schal be forȝouun to ȝou/ ȝeue ye/ and it schal be ȝouun to ȝou/ thei schuln ȝeue in to ȝoure bosum a good mesure/ and wel fillid and schaken togidre & ouer flowynge/ for bi the same mesure/ bi whiche ye meten/ it schal be meten aȝen to ȝou/ and he seide to hem a liknes/ whether the blinde mai lede the blynde/ ne fallen not bothe in to the diche/ a disciple is

not aboue the maiſtir/ but eche
ſchal be perfizt/ if he be as his mai-
ſtir/ and what ſeeſt thou in thi bro-
thers iʒe a mote/ but thou biholdiſt
not a beem that is yn thin owne
iʒe/ or hou maiſt thou ſeie to thi
brother/ brother ſuffre/ I ſchal
caſt out the moot of thin iʒe/ and
thou biholdiſt not a beem in thin
owne iʒe/ ipocrite/ firſt take out the
beem of thin iʒe/ and thanne thou
ſchal ſe to take out the moot of
thin brothers iʒe. It is not a gode
tre that makith yuel fruytis/ ne-
ther an yuel tre/ that makith good
fruytis/ for eueri tre/ is knowen
of his fruyt/ and men gadren not
figis of thornes/ nether men gad-
ren a grape of a buyſche of breris/
a good man/ of the good treſour
of his herte/ bryngith forth good
thingis/ ¢ an yuel man of the yuel
treſour bryngith forth yuel thin-
gis/ for of the plente of the herte/
the mouth ſpekith.

folio lvi.

JOHN.

ND Ihesus passynge
siz a man blynde fro
the birthe/ and hise
disciplis axeden hym/
maistir what synned
this man or hise eldris that he
schulde be borun blynde/ ihesus
answeride/ nether this man syn=
ned nether hise eldris/ but that
the werkis of god be shewid in
hym/ it bihoueth me to worche the
werkis of hym that sente me/ as
long as the dai is/ the nyzt schal
come/whanne no man mai worch/
as long as I am in the world/ I
am the lizt of the world. Whanne
he hadde seide these thingis/ he
spette in to the erthe/ and made
cley of the spotel/ & anoyntid the
cleie on hise izen/ and seide to hym/
go and be thou waschen in the
watir of siloe that is to seie sente/
thanne he wente and waschide/
and cam seynge/ and so neizboris
and thei that hadden seen hym

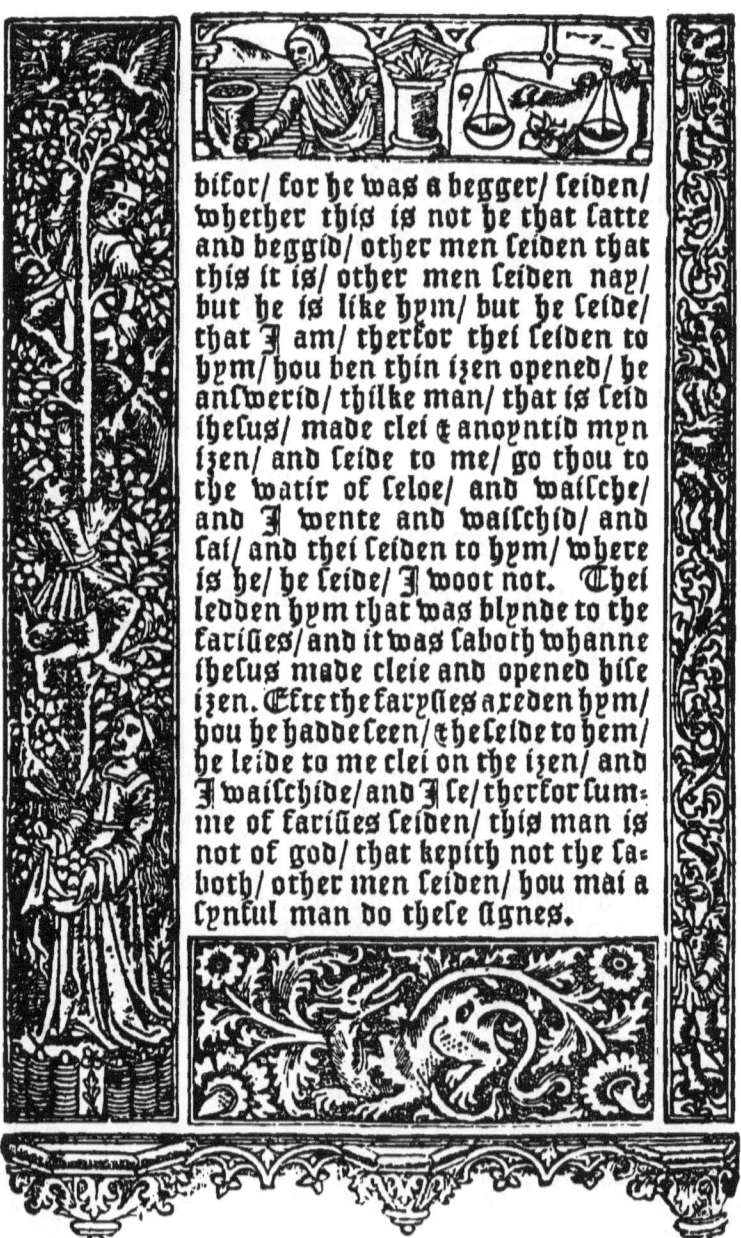

bifor/ for he was a begger/ seiden/
whether this is not he that satte
and beggid/ other men seiden that
this it is/ other men seiden nay/
but he is like hym/ but he seide/
that I am/ therfor thei seiden to
hym/ hou ben thin iȝen opened/ he
answerid/ thilke man/ that is seid
ihesus/ made clei & anoyntid myn
iȝen/ and seide to me/ go thou to
the watir of siloe/ and waische/
and I wente and waischid/ and
sai/ and thei seiden to hym/ where
is he/ he seide/ I woot not. Thei
ledden hym that was blynde to the
farisies/ and it was saboth whanne
ihesus made cleie and opened hise
iȝen. Efte the farysies a reden hym/
hou he hadde seen/ & he seide to hem/
he leide to me clei on the iȝen/ and
I waischide/ and I se/ therfor sum̄=
me of farisies seiden/ this man is
not of god/ that kepith not the sa=
both/ other men seiden/ hou mai a
synful man do these signes.

Folio lviij.

JOHN.

THERFOR Ihesus seid to hem eftsone/ truli truli I seie to you/ that I am the dore of the scheep/ as manyas han comen/ weren nyȝt theues and dai theues/ but the scheep herden not hem/ I am the dore/ if ony man schal entre bi me/ he schal be saued/ and he schal go ynne and schal go out/ and he schal fynde lesewis/ a nyȝt theef cometh not/ but that he stele/ sle/ & lese/ and I cam that thei had liif/ and haue more plenteuously. I am a good scheepherde/ a good scheepherd ȝeueth his liif for his scheep/ but an hirid hyne/ and that is not the scheepherd/ whos ben not the scheep his owne/ seeth a wolf compnge & he leueth the scheep and fleeth/ and the wolf rauysschith/ and disparplith the scheep/ and the hirid hyne fleeth/ for he is an hirid hyne/ and it per=

teyneth not to hym of the scheep.
I am a good scheepherd/ ⁊ I knowe
my scheep/ and my scheep knowen
me/ as the fadir hath knowun me
I knowe the fadir/ and I putte my
liif for my schepe/ I haue other
scheep that ben not of this foold/
and it behoueth me to bryng them
to gidre/ and thei schulen here my
vois/ and it schal be made a foold/
⁊ a scheepheerd. Therfor the fadir
loueth me/ for I putte my liif/
that eftsone I take it/ no man ta=
kith it fro me/ but I putte it of my
silf/ I haue power to putte it/ and
I haue power to take it aȝen/ this
maundement I haue takun of my
fadir. Efte discencioun was made
among the iewis for these wordis/
aud many of hem seiden/ he hath
a deuel and maddith/ what heren
ye hym/ other men seiden/ thes
wordis ben not of a man that hath
a fende/ whether the deuel mai
opene the iȝen of blynde men.

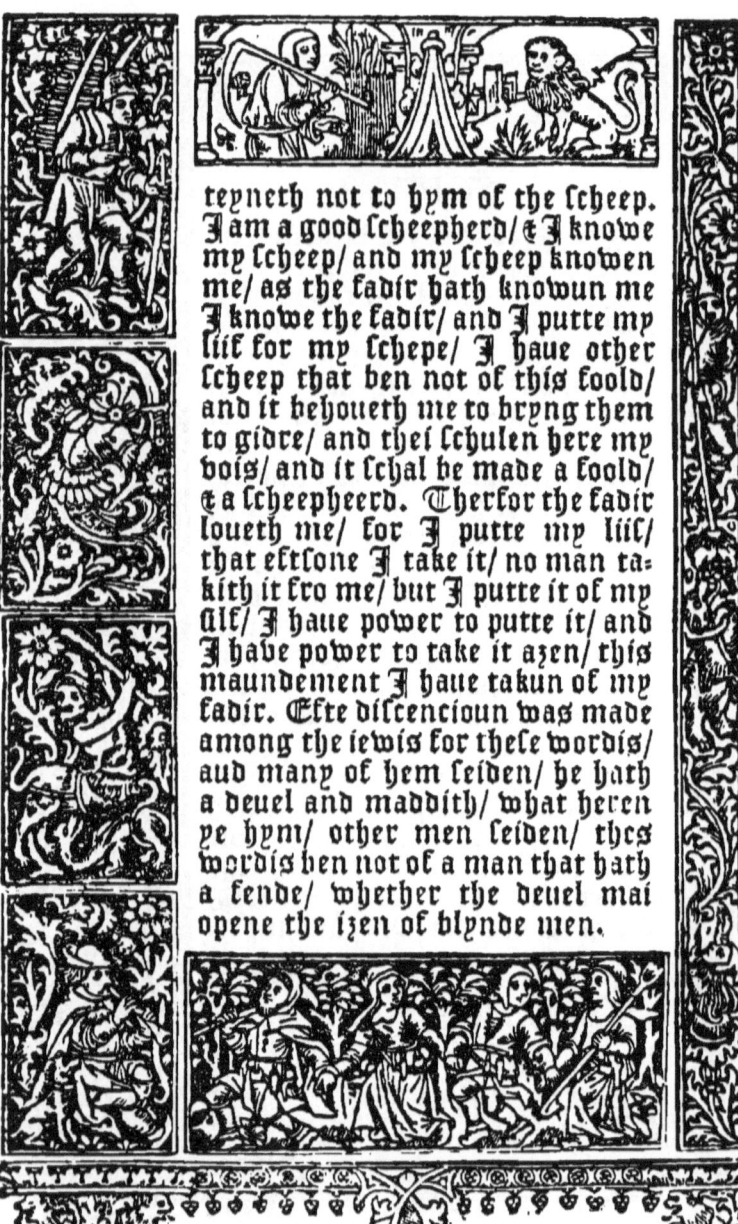

JOHN.

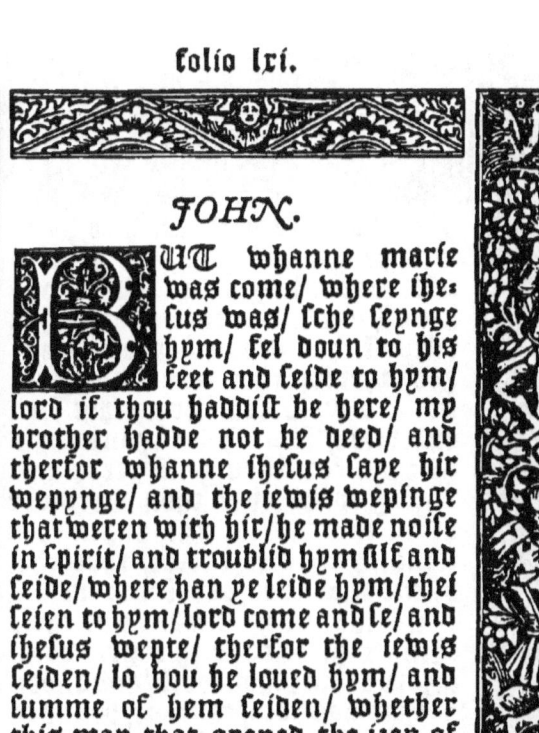

BUT whanne marie was come/ where jhesus was/ sche seynge hym/ fel doun to his feet and seide to hym/ lord if thou haddist be here/ my brother hadde not be deed/ and therfor whanne jhesus say3 hir wepynge/ and the iewis wepinge that weren with hir/ he made noise in spirit/ and troublid hym silf and seide/ where han ye leide hym/ thei seien to hym/ lord come and se/ and jhesus wepte/ therfor the iewis seiden/ lo hou he loued hym/ and summe of hem seiden/ whether this man that opened the i3en of the borun blynde man/ my3te not make that this schulde not die/ therefor jhesus eft makynge noise in hym silf/ cam to the graue/ and there was a denne and a stone leide thereon. And jhesus seith/ take ye awey the stoon/ martha the sistir of

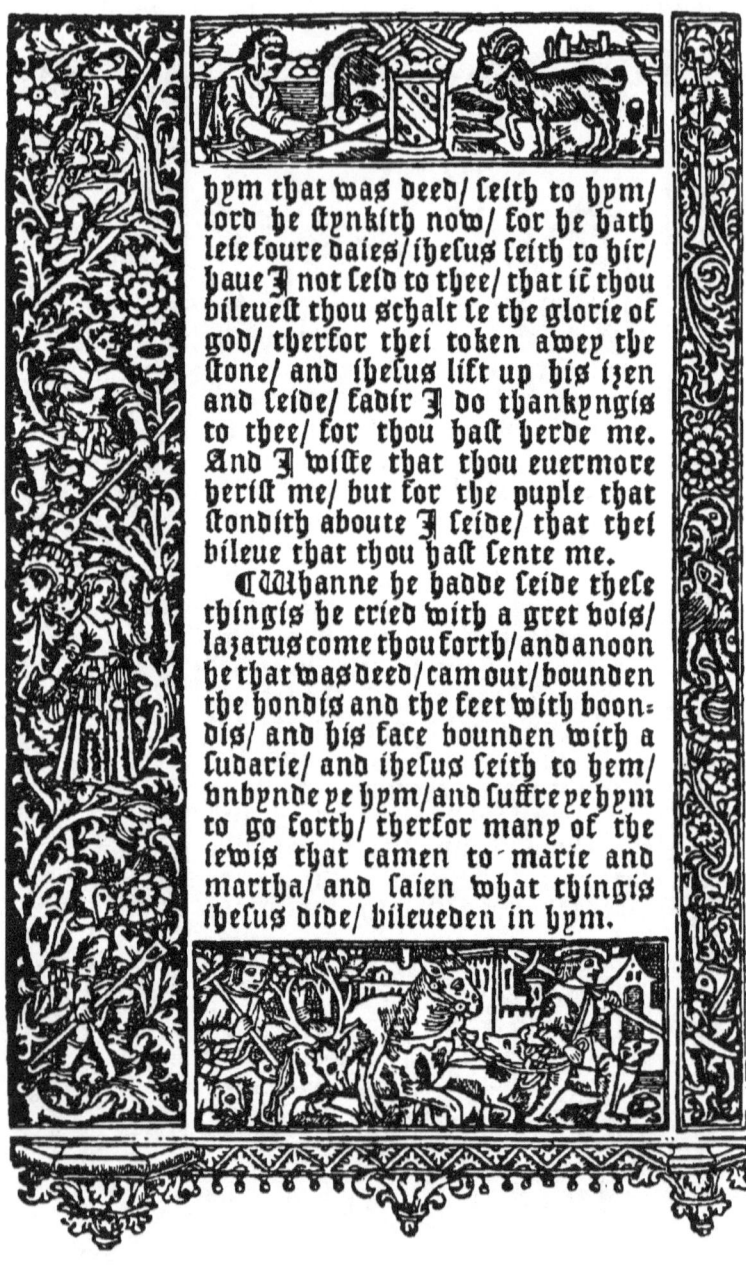

hym that was deed/ seith to hym/ lord he stynkith now/ for he hath lefe foure daies/ ihesus seith to hir/ haue I not seid to thee/ that if thou bileuest thou schalt se the glorie of god/ therfor thei token awey the stone/ and ihesus lift up his izen and seide/ fadir I do thankyngis to thee/ for thou hast herde me. And I witte that thou euermore herist me/ but for the puple that stondith aboute I seide/ that thei bileue that thou hast sente me.

⁋Whanne he hadde seide these thingis he cried with a gret vois/ lazarus come thou forth/ and anoon he that was deed/ cam out/ bounden the hondis and the feet with boondis/ and his face bounden with a sudarie/ and ihesus seith to hem/ vnbynde ye hym/ and suffre ye hym to go forth/ therfor many of the iewis that camen to marie and martha/ and saien what thingis ihesus dide/ bileueden in hym.

folio lxij.

MATTHEW.

ERE ye another para=
ble/ there was an hous=
bondeman that plaun=
tid a vynezerd/ & heggid
it aboute/ & dalf a pref=
four therynne/ & bildide a toure/ &
hired it to erthetiliers/ and wente
fer in pilgrymage/ but whanne the
tyme of fruytis nyzede/ he sente
hise seruauntis to the erthetiliers
to take fruytis of it/ & the erthetil=
iers token hise seruauntis & betyn
the oon/ thei flowen another &
stoneden another/ eftsones he sente
othere seruauntis/ mo thanne the
first/ & in liik maner thei diden to
hem/ & at the last he sente his sone
to hem & seide/ thei schulen drede
my sone/ but the erthe tiliers sey=
nge the sone/ seiden withynne hem
silf/ this is the eir come ye/ sle we
hym/ & we schulen haue his eritage/
& thei tooken & castiden hym out of
the vynezerd/ & flowen him/ ther=

fore whanne the lord of the vyne-
zerd schal come/ what schal he do
to the erthetiliers/ and thei seyn
to hym/ he schal lese yuel the yuele
men/ & he schal sette to hire his
vinezerd to other erthetiliers/ whi-
che schulen zelde fruytis to him in
here tymes.

Jhesus seith to hem/ redden ye
neuer in scripturis/ the stoon whi-
che the bilders repreueden/ this is
made in to the heed of the corner/
of the lord this thing is doen/ & it
is meruelous biforn oure izen/
therfore I seye to zou that the
kyngdom of god schal be taken fro
zou & schal be zoouun to a folk doy-
nge fruitis of it/ and whann the
pryncis of prestis & pharises had-
den herd hise parablis/ thei knewen
that he seide of hem/ & thei souzten
to holde him/ but thei dredden the
peple/ for thei hadden him as a
profete.

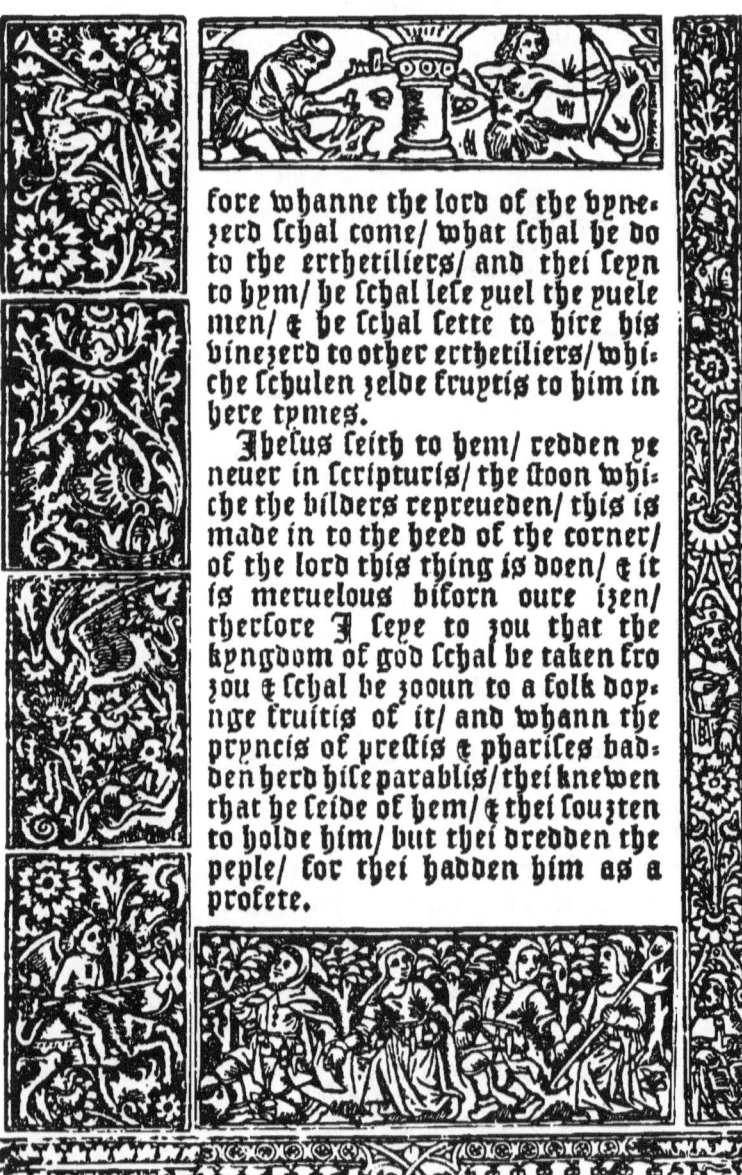

folio lxib.

LUKE.

THERE was a riche man that was clothid with purpur and whizt silk/ and ete eueri dai schynyngli/ and there was a begger lazarus bi name that laie at his zate ful of bilis/ and coueitid to be fulfillid of the crummes that fillin doun fro the riche mannes borde/ and no man zaf to him/ but houndis camen/ & likkiden his bilis/ and it was don that the begger died/ and was borun of aungelis in to abrahams bosum/ the riche man was deed also/ and was buried in helle. ❡And he reisid his izen whanne he was in turmentis and saie abraham afer/ and lazarus in his bosum/ and he cried and seide/ fadir abraham haue merci on me/ and sende lazarus that he depe the end of his fynger in watir/ to kele my tunge/ for I am turmentid in this flawme/ and

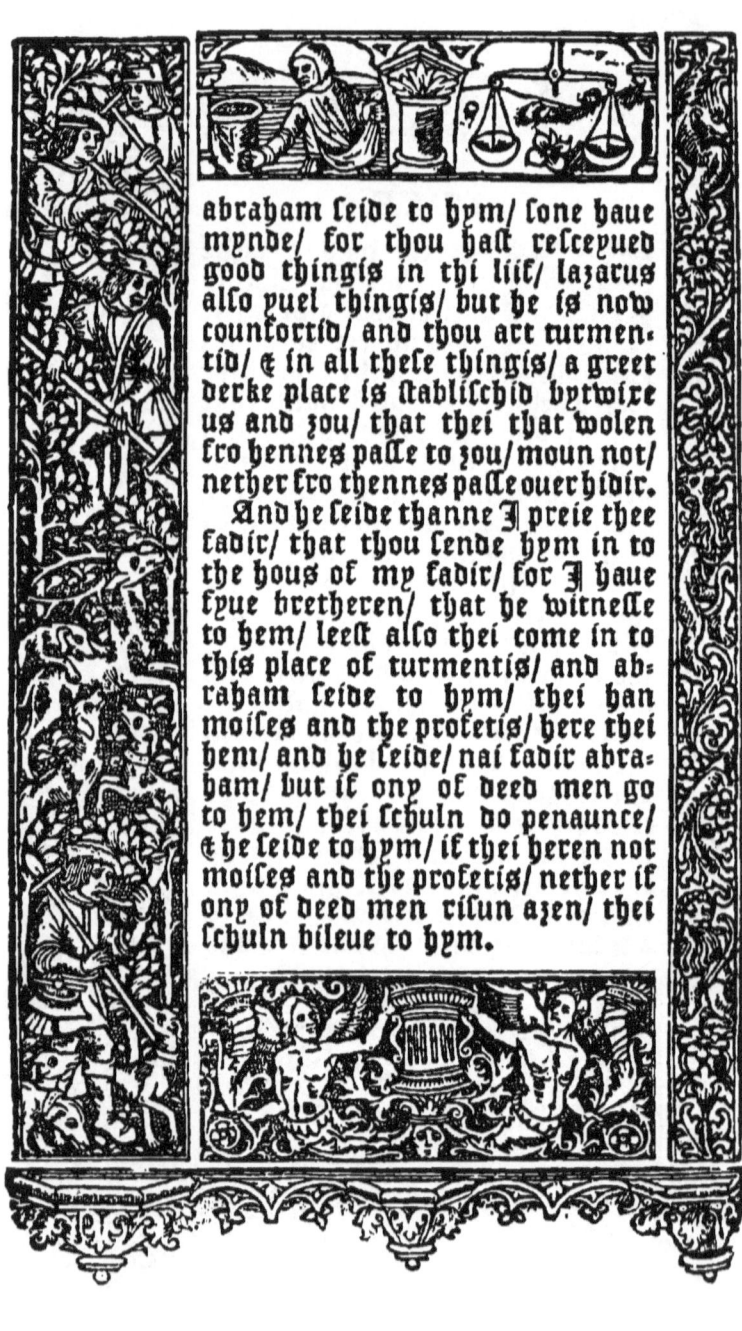

abraham seide to hym/ sone haue mynde/ for thou hast rescepued good thingis in thi liif/ lazarus also puel thingis/ but he is now counfortid/ and thou art turmentid/ & in all these thingis/ a greet derke place is stablisschid bytwixe us and ʒou/ that thei that wolen fro hennes passe to ʒou/ moun not/ nether fro thennes passe ouer hidir.

And he seide thanne I preie thee fadir/ that thou sende hym in to the hous of my fadir/ for I haue fyue bretheren/ that he witnesse to hem/ leest also thei come in to this place of turmentis/ and abraham seide to hym/ thei han moises and the profetis/ here thei hem/ and he seide/ nai fadir abraham/ but if ony of deed men go to hem/ thei schuln do penaunce/ & he seide to hym/ if thei heren not moises and the profetis/ nether if ony of deed men risun aʒen/ thei schuln bileue to hym.

folio lxvi.

MATTHEW.

HANNE pharisees ȝeden awey & tooken a counceile/ to take iheſus in word/ and thei ſenden to hym her diſciplis with erodianes/ & ſeiden/ maiſtir we witen that thou art ſothefaſt/ & thou techiſt in treuthe the wey of god/ & thou chargiſt not of ony man/ for thou biholdiſt not the perſone of men/ therfor ſeie to us/ what it ſemith to thee/ is it leueful that tribute be ȝouun to the emperour ether nay/ & whanne iheſus hadde knowen the wickidneſſe of hem/ he ſeide ipocritis what tempten ȝe me/ ſchewe ȝe to me the prynte of the monei/ and thei brouȝten to hym a peny/ & iheſus ſeide to hem/ whoſ is this ymage/ & the writynge aboue/ thei ſeien to hym/ the emperous/ thanne he ſeith to hem/ therfore ȝelde ȝe to the emperour/ tho thin=

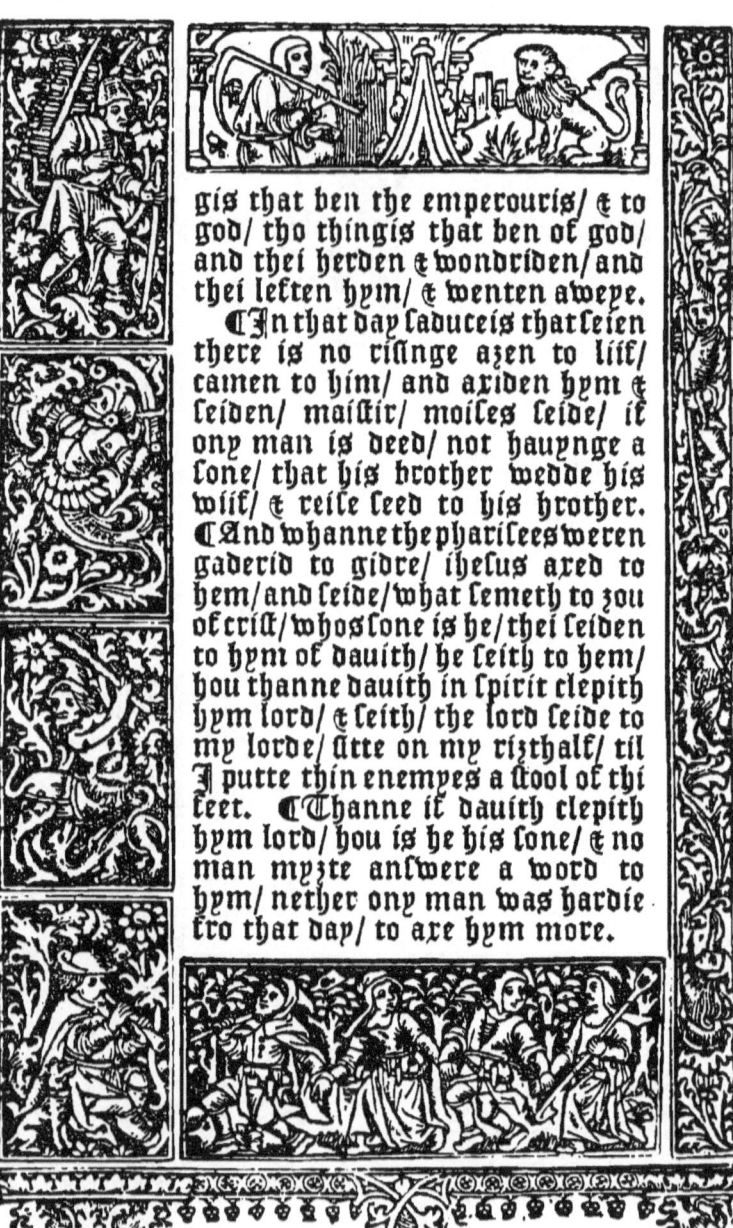

gis that ben the emperouris/ ⁊ to god/ tho thingis that ben of god/ and thei herden ⁊ wondriden/ and thei leften hym/ ⁊ wenten aweye.

☙In that day saduceis that seien there is no risinge aȝen to liif/ camen to him/ and axiden hym ⁊ seiden/ maistir/ moises seide/ if ony man is deed/ not hauynge a sone/ that his brother wedde his wiif/ ⁊ reise seed to his brother. ☙And whanne the pharisees weren gaderid to gidre/ ihesus axed to hem/ and seide/ what semeth to ȝou of crist/ whos sone is he/ thei seiden to hym of dauith/ he seith to hem/ hou thanne dauith in spirit clepith hym lord/ ⁊ seith/ the lord seide to my lorde/ sitte on my riȝthalf/ til I putte thin enemyes a stool of thi feet. ☙Thanne if dauith clepith hym lord/ hou is he his sone/ ⁊ no man myȝte answere a word to hym/ nether ony man was hardie fro that day/ to axe hym more.

folio lxviij.

MATHEW.

HANNE iheſus ſpak to the puple/ ⁊ to hiſe diſciplis ⁊ ſeide/ on the chaiere of moiſes/ ſcribis and phariſees hau ſette/ therfor kepe ye ⁊ do ye alle thingis what euer thingis thei ſeien to you/ but nyle ye do aftir her werkis/ for thei ſeien ⁊ doen not/ ⁊ thei bynden greuous chargis ⁊ that moun not be born/ ⁊ putten on ſchuldris of men/ but with her fynger thei wole not moue hem/ ⳨therfore thei doen alle her werkis/ that thei be ſeien of men/ for thei drawen abrood her filateries/ ⁊ magnyfien hemmes/ and thei louen the firſt ſittynge placis in ſopers/ ⁊ the firſt chaiers in ſynagogis/ ⁊ ſalutaciouns in cheppynge/ ⁊ to be clepid of men maiſter/

⳨but nyle ye be clepid maiſtir for oon is youre maiſtir/ ⁊ alle ye ben britheren/ ⁊ nyle ye clepe to

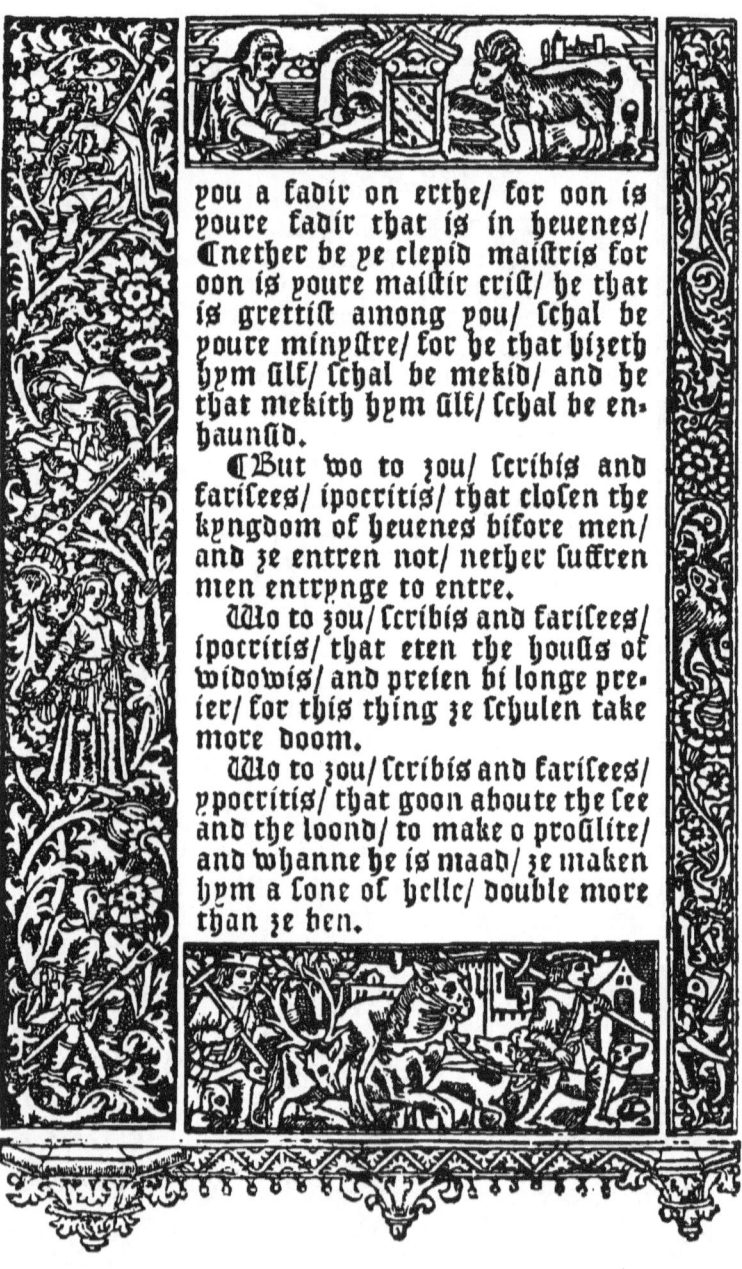

you a fadir on erthe/ for oon is
youre fadir that is in heuenes/
¶nether be ye clepid maistris for
oon is youre maistir crist/ he that
is grettist among you/ schal be
youre mynystre/ for he that hizeth
hym silf/ schal be mekid/ and he
that mekith hym silf/ schal be en-
haunsid.

¶But wo to zou/ scribis and
farisees/ ipocritis/ that closen the
kyngdom of heuenes bifore men/
and ze entren not/ nether suffren
men entrynge to entre.

Wo to zou/ scribis and farisees/
ipocritis/ that eten the houssis of
widowis/ and preien bi longe pre-
ier/ for this thing ze schulen take
more doom.

Wo to zou/ scribis and farisees/
ypocritis/ that goon aboute the see
and the loond/ to make o proselite/
and whanne he is maad/ ze maken
hym a sone of helle/ double more
than ze ben.

folio lxx.

MATTHEW.

ND he that swerith in the temple/ swerith in it & in hym that dwellith in the temple/ and he that swerith in heuene/ swerith in the trone of god/ & in hym that sittith theron. ☙Wo to you scribis and phariseis ipocritis/ that tithen mynte anes & comyne & han lefte tho thingis that ben of more charge of the lawe/ doom & merci & feith/ and it bihould to do these thingis & not to leue tho/ blinde leders clensenge a gnat/ but swolowynge a camel. ☙Wo to you scribis & phariseis ipocritis that clensen the cuppe & plater with oute forth/ but withynne ye ben ful of rauepne & vnclennesse/ thou blynde pharisee clense thou the cuppe & the plater with ynne forth/ that that is with oute forth/ be made clene. ☙Wo to you scribis and phariseis ipocritis/ that ben like to sepulcris

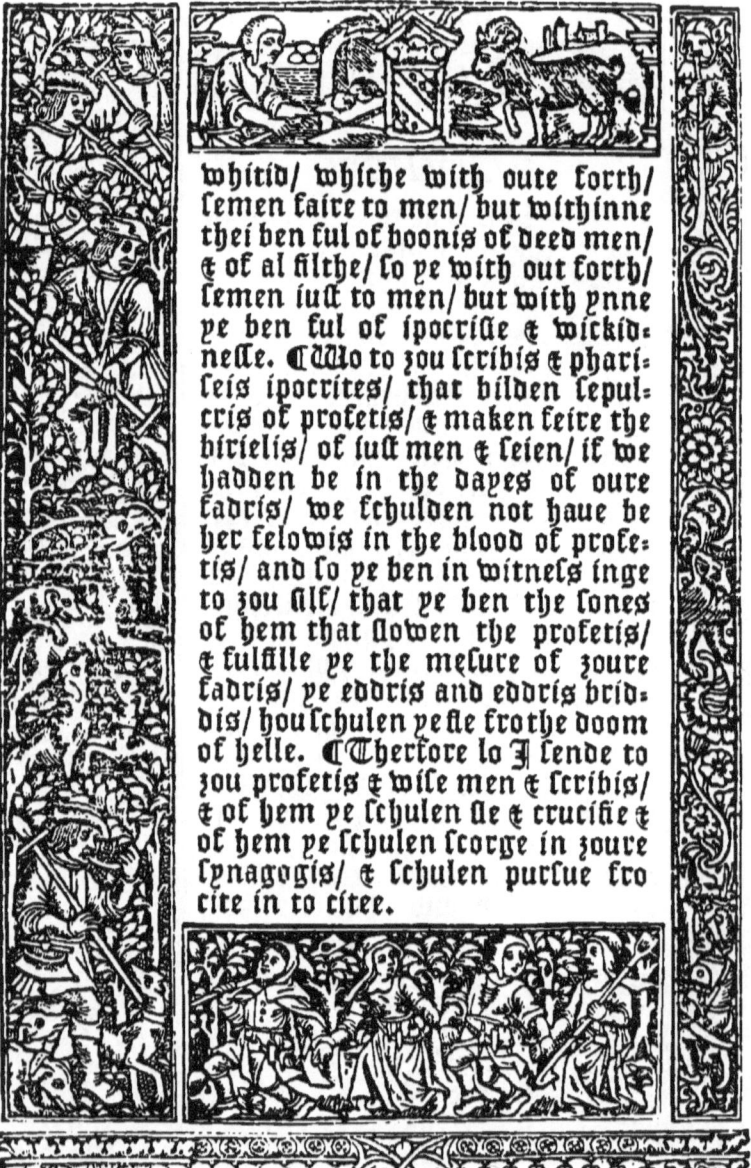

whitid/ whiche with oute forth/ semen faire to men/ but withinne thei ben ful of boonis of deed men/ & of al filthe/ so ye with out forth/ semen iust to men/ but with ynne ye ben ful of ipocrisie & wickidnesse. ¶Wo to you scribis & phariseis ipocrites/ that bilden sepulcris of profetis/ & maken feire the birielis/ of iust men & seien/ if we hadden be in the dayes of oure fadris/ we schulden not haue be her felowis in the blood of profetis/ and so ye ben in witnes inge to you silf/ that ye ben the sones of hem that slowen the profetis/ & fulfille ye the mesure of youre fadris/ ye eddris and eddris briddis/ hou schulen ye fle fro the doom of helle. ¶Therfore lo I sende to you profetis & wise men & scribis/ & of hem ye schulen sle & crucifie & of hem ye schulen scorge in youre synagogis/ & schulen pursue fro cite in to citee.

folio lxrij.

MATTHEW.

That al the iust blood come on ʒou/ that was ſched on the erthe/ fro the blood of iuſt abel/ to the blood of ʒacharie the ſone of barachie/ whom ʒe ſlowen bitwixe the temple and the auter/ truli I ſeye to ʒou/ alle theſe thingis ſchulen come on this generacioun. Ieruſalem ieruſalem that ſleeſt profetis & ſtoneſt hem that ben ſent to thee/ hou ofte wolde I gadir togidre thi children as an henne gaderith togidre hir chekenes vndir hir wengis/ & thou woldiſt not/ lo ʒoure hous ſchal be leeft to ʒou deſert/ and I ſeye to ʒou/ ʒe ſchulen not ſe me fro hennes forthe til ʒe ſeien/ bleſſid is he that cometh in the name of the lord.

ND iheſus wente out of the temple/ and hiſe diſciplis camen to hym/ to ſchewe hym the bildyngis of the temple/ but he anſwerid & ſeide to

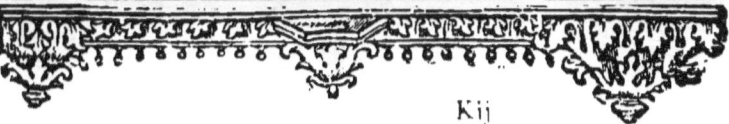

hem/ seen ye alle these thingis/
truli I seye to you/ a stoon schal
not be left here on a stoon/ that ne
it schal be distroied. ¶And whanne
he sate on the hil of oliuete/ hise
disciplis camen to hym pryuyli ⁊
seiden/ seie to us whanne these
thingis schulen be/ ⁊ what tokene
of thi comynge/ ⁊ of the endynge
of the world/ and ihesus answeride
and seide to hem/ loke ye that no
man disseyue you/ for many schu-
len comen in my name ⁊ schulen
seie/ I am crist/ and thei schulen
disseyue many.

¶For ye schulen here batailis/
⁊ opynyouns of batailis/ se ye that
ye be not disturblid/ for it bihouith
these thingis to be doen but not ȝit
is the ende/ folk schulen rise to-
gidre aȝens folk ⁊ rewme aȝens
rewme ⁊ pestilencis ⁊ hungris/ ⁊
the erthe mouyngis schulen be bi
placis/ ⁊ alle these ben bigynnyn-
gis of sorwis.

folio lxxiv.

MARK.

BUT in tho dayes aftir that tribulacioun/ the sunne schal be made derk/ and the mone schal not zeue her lizt/ and the sterris of heuene schuln falle doun/ & the vertues that ben in heuenes/ schuln be mouede/ and thanne thei schulen se mannis sone compnge in cloudis of heuene with great vertue and glorie/ and thanne he schal sende his aungelis & schal gadere his chosun fro the foure wyndis fro the hizist thing of erthe/ til to the hizist thing of heuene.

But of the fige tre/ leerne ye the parable/ whanne now his braunchis is tendre/ and leues ben sprungen oute/ ye knowen that somer is nyz/ so whanne ye seen these thingis be don/ wite zee that it is nyz in the doris.

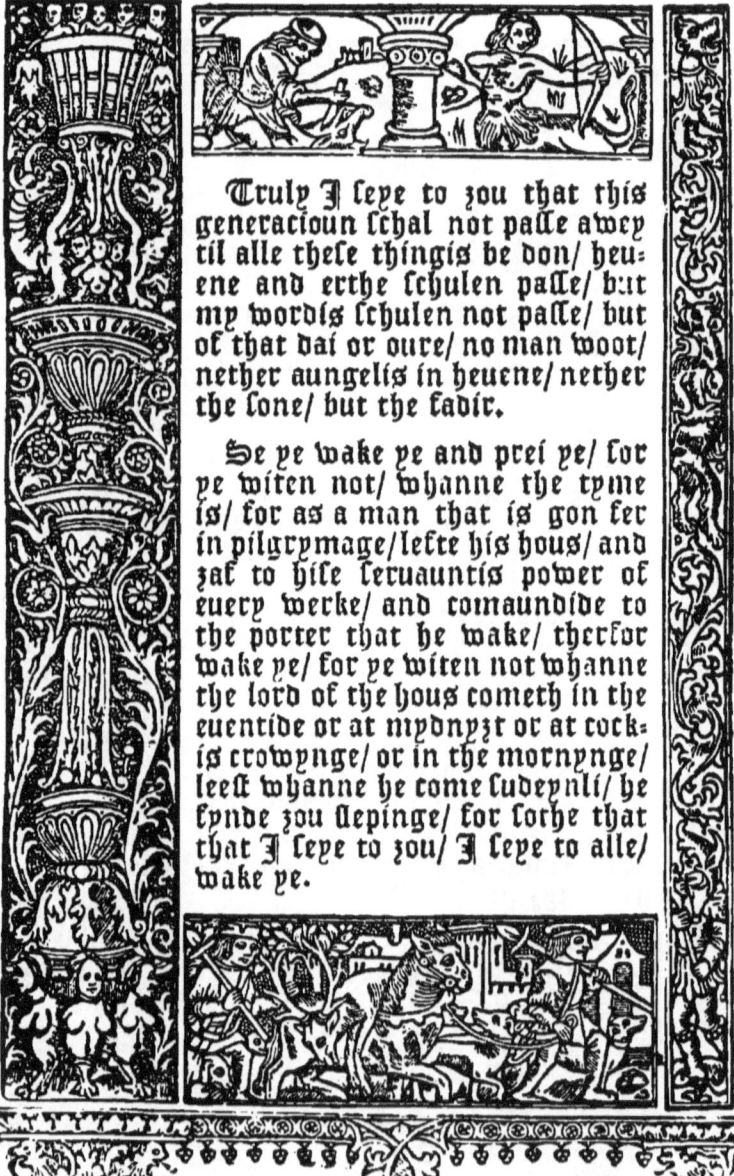

Truly I seye to you that this generacioun schal not passe awey til alle these thingis be don/ heuene and erthe schulen passe/ but my wordis schulen not passe/ but of that dai or oure/ no man woot/ nether aungelis in heuene/ nether the sone/ but the fadir.

Se ye wake ye and prei ye/ for ye witen not/ whanne the tyme is/ for as a man that is gon fer in pilgrymage/ lefte his hous/ and ʒaf to hise seruauntis power of euery werke/ and comaundide to the porter that he wake/ therfor wake ye/ for ye witen not whanne the lord of the hous cometh in the euentide or at mydnyʒt or at cockis crowynge/ or in the mornynge/ leest whanne he come sudeynli/ he fynde ʒou slepinge/ for sothe that that I seye to ʒou/ I seye to alle/ wake ye.

folio lxxvi.

MATTHEW.

HANNE Jhesus came with hem in to a toun/ that is seide Jessemany/ and he seide to hise disciplis sitte ye heere/ the while I go thedir & praye/ & he zede forth a litil & fil doun on his face/ preiynge & seiynge/ my fadir if it is possible/ passe this cuppe fro me/ netheles not as I wole/ but as thou wolte/ & he that bitraied hym/ zaf to hem a tokene & seide/ whom euer I kisse/ he it is holde ye him/ & anoon he came to ihesus and seide/ heil maistir/ and he kisside hym/ & thei helden ihesus & ledden hym to caiface the prynce of preestis/ where the scribis & the pharisees & the elder men of the puple weren come to gidre/ & thei ledden hym bounden/ & bitook to pilat of pounce iustice/ and thei foldynge a crowne of thornes putten on his heede/ and a reed in his rizt-

honde/ and thei kneleden bifor hym
and scorneden hym and seiden/
hail kyng of iewis/ and thei spet-
ten on hym/ and token a reed and
smoot his heed/ and aftir that the
hadden scorneden hym/ thei vn-
clothiden hym of the mantil/ and
thei clotheden hym with hise clo-
this and ledden hym to crucifie/
and thei zauen hym to drynke wyne
meynde with galle/ and whanne he
hadde tastid/ he wolde not drynke/
and aftir that thei hadden cruci-
fied hym/ thei departiden hise clo-
this and kesten lot/ to fulfille that
is seid bi the profete seiynge/ thei
partiden to hem my clothis/ and
on my clothe/ thei kesten lotte/ and
thei seeten and kepten hym/ and
setten aboue his heed his cause
writun/ this is ihesus of nazareth
kyng of iewis.
  Thanne twei theues weren cru-
cified with hym/ oon on the rizt-
half/ and oon on the lefthalf.

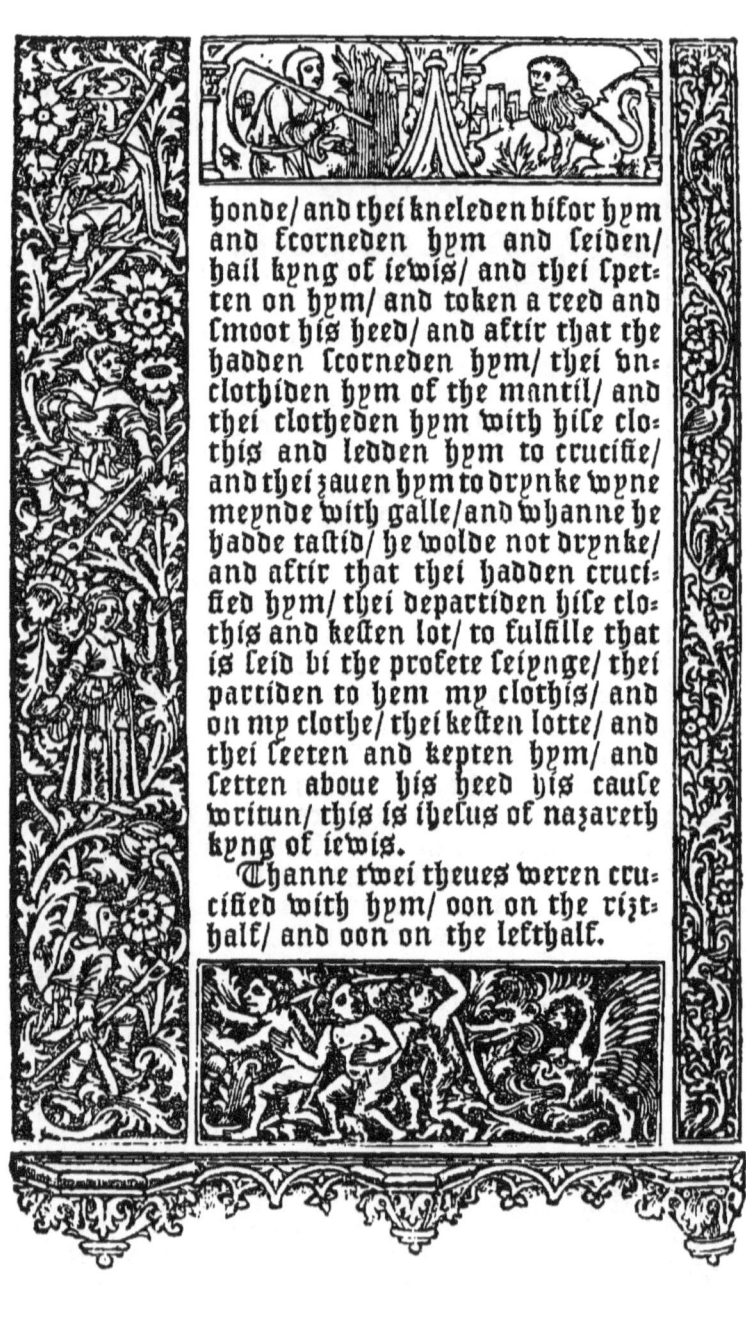

folio lxxviij.

JOHN.

AFTIRWARD ihe꞊
sus eftsone schewid
hym to his disciplis/
at the see of tiberias/
and he schewid hym
thus/ there were to gidre symount
petir and thomas/ that is seide
didymus/ and natanael that was
of the cane of galilee/ and the sones
of zebede/ and twey other of his
disciplis/ symount petir seith to
hem/ I go to fische/ thei seien to
hym/ ⁊ we comen with thee/ and
thei wenten out and wente in to a
boot/ and in that nyȝt thei tokun
no thing/ but whanne the morowe
was come/ ihesus stood in the bry꞊
nke/ netheles the disciplis knewen
not that it was ihesus/ therfor
ihesus seith to hem/ children where
ye han ony soupinge thing/ thei
answerden to hym/ nay/ he seide
to hem/ putte ye the nette in to the
riȝthalf of the rowynge and ye

schuln fynde/ and thei puttiden the nette/ and thanne thei myȝten not drawe it for multitude of fischis. ¶Therfor thilke disciple/ whom ihesus loued seide to petir/ it is the lord. Symount petir whanne he hadde herde that it is the lord/ girde hym with a coote for he was nakid/ and wente in to the see. And as thei camen doun in to the lond/ thei saien colis liggynge/ and a fische leide on/ and breed. Ihesus seith to hem/ brynge ye of the fischis/ whiche ye han takun now/ symount petir wente up & drowȝ the nette in to the lond ful of greet fischis/ an hundrid fifti and thre/ and whanne thei weren so many/ the nette was not brokun. Ihesus seith to hem/ come ye ete ye/ and no man of hem that saten at the mete durste axe hym/ Who art thou witynge that it is the lord/ & ihesus cam & took breed and ȝaf to hem/ & fisch also.

folio lxxx.

LUKE.

ND the while thei spa=
ken these thingis/ ihe=
sus stood in the myd=
dil of hem/ and seide
to hem/ pees to zou/ I
am/ nyle ze drede/ but thei weren
affraiede and agast/ and gessiden
hem to se a spirit/ and he seide to
hem/ what ben ze troublid/ and
thouztis comen up in to zoure her-
tis/ se ze myn hondis/ and my
feet/ for I my silf am/ fele ze and
se ze/ for a spirit hath not fleisch
and bones/ as ze seen that I haue/
⁊ whanne he hadde seid this thing
he schewid hondis and feet to hem/
and zit while thei bileueden not/
and wondrid for ioie/ he seide/
han ze here ony thing that schal
be eten/ and thei proferden hym a
part of a fisch roostid/ and an hony
combe/ and whanne he hadde eten
bifor hem/ he toke that that lefte
and zaf to hem. ⁋And seide to

hem/ these ben the wordis that I
spake to zou/ whanne I was zit
with zou/ for it is nede that alle
thingis ben fulfillid/ that ben wri=
tun in the lawe of moises and in
profetis/ and in salmes of me.
Than he opened to hem witte/
that thei schulden vndirstonde scri=
pturis.

MARK.

AND he seide to hem/
go ye in to al the world/
& preche the gospel to
ech creatur/ Who that
bileueth & is baptisid/
schal be saaf/ but he that bileueth
not/ schal be dampned/ & thes to=
kenes schuln sue hem that bileuen/
In my name/ thei schuln caste out
feendis/ thei schuln speke with
newe tungis/ thei schuln do awey
serpentis/ and if thei drynken ony
venym/ it schal not noye hem/ thei
schuln set her hondis on sike men/
& thei schuln were hool.

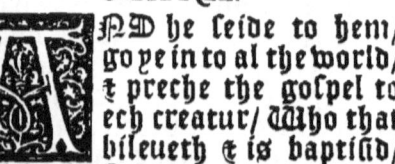

folio lxxxij.

www.ingramcontent.com/pod-product-compliance
Lightning Source LLC
Chambersburg PA
CBHW030307170426
43202CB00009B/900